Maria Luise Prean-Bruni

Gott spielt in meinem Leben keine Rolle – er ist der Regisseur

Maria Luise PREAN-BRUNI

Gott SPIELT IN MEINEM LEBEN KEINE ROLLE – ER IST DER Regisseur

SCM

R.Brockhaus

SCM

Stiftung Christliche Medien

SCM R.Brockhaus ist ein Imprint der SCM Verlagsgruppe, die zur Stiftung Christliche Medien gehört, einer gemeinnützigen Stiftung, die sich für die Förderung und Verbreitung christlicher Bücher, Zeitschriften, Filme und Musik einsetzt.

2. stark ergänzte Auflage 2019 (9. Gesamtauflage)

© der deutschen Ausgabe 2019
SCM Verlagsgruppe GmbH · Max-Eyth-Straße 41 · 71088 Holzgerlingen
Internet: www.scm-haenssler.de; E-Mail: info@scm-haenssler.de
Kap. 1-12 und 18: gemeinsam mit Constanze Nolting verfasst
Kap. 13-17: gemeinsam mit Silke Gabrisch verfasst

Die Bibelzitate wurden, wenn nicht anders angegeben,
folgender Übersetzung entnommen:
Lutherbibel, revidierter Text 1984, durchgesehene Ausgabe in neuer
Rechtschreibung, © 1999 Deutsche Bibelgesellschaft, Stuttgart

Weiter wurden verwendet:
NLB: Neues Leben. Die Bibel, © der deutschen Ausgabe 2002 und
2006 SCM-Verlag GmbH & Co. KG, Witten.
ELB: Elberfelder Bibel 2006, © 2006 by SCM-Verlag GmbH & Co. KG, Witten.
GNB: Gute Nachricht Bibel, revidierte Fassung, durchgesehene Ausgabe in neuer
Rechtschreibung, © 2000 Deutsche Bibelgesellschaft, Stuttgart.

Umschlaggestaltung: Kathrin Spiegelberg, Weil im Schönbuch
Titelbild: Rahel Taeubert / Stuttgart
Satz: Satz & Medien Wieser, Stolberg
Druck und Bindung: GGP Media GmbH, Pößneck
Gedruckt in Deutschland
ISBN 978-3-417-26864-5
Bestell-Nr. 226.864

Inhalt

Wenn der liebe Gott mir in meiner Jugend offenbart hätte, was er mit mir vorhat, hätte ich mich wahrscheinlich zu den Ureinwohnern nach Australien geflüchtet. Ich war ein sehr schüchternes Kind, das sich fast für die Luft, die es atmete, entschuldigt hat.

Es war wohl früh in meinem Leben eine Frage sehr präsent: »Wozu hat Gott mich auf diese Welt gebracht? Was hat er sich dabei gedacht? Was sind seine Pläne mit mir?« Ich wollte nie sterben, bevor ich nicht wusste, wozu ich auf der Welt war.

Aber dass Gott so große Pläne mit einem sehr schüchternen Mädchen haben würde, hätte ich mir nie vorstellen können. Eines kann ich jedem Leser dieses Buches garantieren: »Gott hört auf deine Gebete und beantwortet sie zu seiner Zeit! Deine Worte haben Macht!«

Mit Anfang zwanzig habe ich gebetet: »Lieber Gott, du kannst mit mir machen, was du willst, wie du willst, wann und wo du willst. Du kannst mich auch auf null reduzieren. Aber bitte verherrliche deinen Namen durch mein Leben, setze mich zum Segen für die Menschen, und schenke mir die Fülle deiner Freude.« All das hat Gott in den bisher 80 Jahren meines Lebens gemacht.

Auch habe ich vor vielen Jahren gebetet: »Herr Jesus Christus, ab heute gebe ich dir die Kontrolle über mein Leben!« Einige Wochen danach weinte ich und beklagte mich bei Gott, dass ich die

Kontrolle verlieren würde. Da hörte ich seine leise, aber bestimmte Antwort: »Wenn ich die Kontrolle in deinem Leben bekommen soll, dann musst du sie abgeben.«

Gott verändert dauernd meine Lehrer und Klassenzimmer, aber seine Botschaft ist immer dieselbe: »Vertraue mir!« Wir sind alle in der Universität des Heiligen Geistes. Da gibt es nur Einzelunterricht. Man kann auch nicht durchfallen, sondern nur wiederholen. Und leider wiederholen wir zu oft, weil wir die Lektionen nicht erkennen, die Gott uns in unser Herz schreiben möchte. Im Englischen gibt es da ein wunderbares Wortspiel. »Not what we experience, but how we respond to what we experience, makes us either bitter or better. The only letter that has to change is the letter ›I‹!« Also nicht das, was wir erleben, sondern wie wir darauf reagieren, macht uns entweder bitter oder besser, und der einzige Buchstabe, der sich ändern muss (im Englischen) ist der Buchstabe I, und das bedeutet ich!

Ganz besonders möchte ich erwähnen, dass ich das beste Team in Europa und in Afrika habe. Meine Mitarbeiter wissen alle, dass sie nicht mir, sondern dem allmächtigen und allgegenwärtigen und allwissenden Gott dienen, und den kann man nicht besch…eiden behandeln!

Wir sind jetzt mit allen Mitarbeitern, inklusive den Bauarbeitern, weit über 700 Menschen, davon sind nur ganz wenige Europäer. Es ist unser entschiedenes Ziel, hier in Uganda ein afrikanisches Werk aufzubauen, und wir sind auf klarem Kurs! Wir konnten bereits über 13 000 armen Kindern und Waisen eine Schulausbildung ermöglichen. Viele davon sind fertig mit ihrem Studium oder ihrer Berufsausbildung als Handwerker.

Wir erleben Gnade pur und das bedeutet: unverdiente Liebe und die Fähigkeit, vieles zu tun, was man nie gelernt hat! Wenn wir aus der Gnade Gottes leben, kommen wir aus dem Staunen über seine Liebe, Führung, Schutz, Versorgung, Kraft, Weisheit, Schönheit, Offenbarung und Wahrheit nicht heraus.

Einige meiner liebsten Schriftstellen, die mich schon viele Jahre begleiten und mir in Fleisch und Blut übergegangen sind, lauten:

Ich aber bin gekommen, um ihnen das Leben in ganzer Fülle zu schenken (Johannes 10,10; NLB).

Demut und Ehrfurcht vor dem Herrn führen zu Reichtum, Ehre und Leben (Sprüche 22,4; NLB).

Freu dich am Herrn, und er wird dir geben, was dein Herz wünscht. Überlass dem Herrn die Führung deines Lebens und vertraue auf ihn, er wird es richtig machen (Psalm 37,4-5; NLB).

Bleibt in mir, und ich werde in euch bleiben. Denn eine Rebe kann keine Frucht tragen, wenn sie vom Weinstock abgetrennt wird, und auch ihr könnt nicht, wenn ihr von mir getrennt seid, Frucht hervorbringen (Johannes 15,4; NLB).

Wenn ihr mit mir verbunden bleibt und meine Worte in euch bleiben, könnt ihr bitten, um was ihr wollt, und es wird euch gewährt werden! (Johannes 15,7; NLB).

Ich aber bin mit Christus gekreuzigt, sodass ich jetzt nicht mehr unter dem Gesetz stehe, sondern für Gott lebe. Ich lebe, aber nicht mehr ich selbst, sondern Christus lebt in mir (Galater 2,19-20; NLB).

Segen soll über den kommen, der seine ganze Hoffnung auf den Herrn setzt und ihm vollkommen vertraut. Dieser Mann ist wie ein Baum, der am Ufer gepflanzt ist. Seine Wurzeln sind tief im Bachbett verankert: Selbst in glühender Hitze und monatelanger Trockenheit bleiben seine Blätter grün. Jahr für Jahr trägt er reichlich Frucht (Jeremia 17,7-8; NLB).

Vertraue von ganzem Herzen auf den Herrn und verlass dich nicht auf deinen Verstand. Denke an ihn, was immer du tust, dann wird er dir den richtigen Weg zeigen (Sprüche 3,5-6; NLB).

Mit allerliebsten Segens- und Dankesgrüßen für alle Menschen, die uns schon seit Jahren begleiten mit ihren Gebeten, ihrem Einsatz, ihren Spenden und Gaben, mit ihrem Wohlwollen und ihrer Freundschaft, ihrem Vertrauen und ihrer Treue. Möge der Herr allen, die uns bisher so treu zur Seite gestanden sind, hundertfache Vergeltung schenken und alle ihre Bedürfnisse befriedigen gemäß seines Reichtums in Herrlichkeit.

Shalom!

Maria L. Prean mit Familie und Team

Neuigkeiten von Maria Prean und den Missionswerken findet man im Internet unter:
https://www.missionswerk.co.at/
http://www.visionforafrica-intl.org

Vorwort von Walter und Irene Heidenreich

Maria Prean ... Wenn wir über sie und ihr Leben nachdenken, kommen uns viele kostbare, geistlich prägende und auch sehr lustige Begebenheiten in den Sinn. Wir könnten ein Buch über sie schreiben, aber das hat sie ja selbst schon getan. Uns verbindet seit Jahrzehnten eine herzliche Freundschaft, die über Kontinente reicht. Für uns ist es ein Geschenk, mit dieser dynamischen, fröhlichen, geistlich scharfen sowie mutigen Frau Gottes verbunden zu sein. Seit Jahrzehnten sind wir »on a mission for God« in Europa und den Nationen unterwegs ... und ab und zu kreuzen sich unsere Wege.

Maria ist ein wunderbarer Mensch. Bei ihrem Namen kommen uns sofort ein paar prägnante Attribute in den Sinn: ihr kompromissloser Glaube, ein ungeteiltes Herz und das prompte Handeln auf das Reden des Heiligen Geistes. Sie lässt keine Gelegenheit aus, Jesus bekannt und den Vater im Himmel großzumachen. Sie ist beweglich in der Hand des Heiligen Geistes und scheut keine noch so große Herausforderung. Sie predigt das ganze Evangelium in der ihr eigenen Tiroler und kompromisslosen Art – ohne »Wenn« und »Aber« oder irgendwelche Schnörkel.

»Was er euch sagt, das tut!« – das ist ihr ausgemachter Lifestyle, und man könnte meinen, dass dies eine Weisung von Maria an Maria ist ... und die Auswirkungen sind gewaltig: Tausende sind durch sie und das Missionswerk »Leben in Jesus Christus« sowie das Seminarzentrum in Hoch-Imst gesegnet worden, Unzählige in den Nationen, für die sie ein Kanal der Liebe Gottes ist. Und sie ist die »Mama« für Tausende von Waisenkindern in Uganda, die sie nicht nur versorgt, sondern die sie in ein Leben mit Bestimmung führt.

Maria, dein Leben ist eine Quelle der Freude und Ermutigung! Und du bist ein Schatz für Generationen – die gegenwärtige und die kommenden. Wir freuen uns, dass du dein Leben aufgeschrieben hast. Möge dieses Buch eine Inspiration für viele sein!

Walter & Irene Heidenreich,
FCJG Lüdenscheid und HELP International

Vorwort von Geri und Lilo Keller

»Endlich!«, möchte man sagen. Nun liegt das ergänzte Lebensbild von Maria Luise Prean-Bruni vor. Der Schmetterling fliegt, nachdem wir den langen Weg zur Verpuppung und Freisetzung in

Uganda miterleben durften. Und wie er fliegt, unser schöner Schmetterling! Wenn Gott uns für treu befunden hat, öffnen sich Türen und neue Horizonte wie von selbst. Dann ist's nicht mehr unser Rennen und Laufen, dann ist es Jesus und seine Wunder wirkende Herrlichkeit in uns, die den Himmel auf die Erde bringen.

Die erste Ausgabe dieses Buches schloss mit den kleinen Anfängen in Uganda: Das süße kleine Baby, genannt Angel, mit den großen Augen, welches Maria von dessen Urgroßmutter in die Arme gelegt wurde, steht nun stellvertretend für Tausende schwarzer Kinder, Jugendlicher und Hilfsbedürftiger, denen Maria Mutter werden durfte. Inzwischen ist Angel bereits ein in sich ruhender, strahlender Teenager, der Mama Maria auf ihren Reisen begleitet und unterstützt. So wie Marias eigene Familie wuchs, so wächst das ganze Werk in atemberaubendem Tempo. Da wird der sogenannte große Missionsbefehl Wirklichkeit: Machet Völker zu Jüngern! Deshalb heißt es auch mit achtzig Jahren: Don't stop! Noch ist nicht die Zeit, kürzer zu treten. Jesus selber steht auf dem stürmischen Wasser des menschlich Unmöglichen. Solange unsere Augen auf den seinen ruhen, geht's weiter, von Herrlichkeit zu Herrlichkeit – zu seiner Ehre!

Geri und Lilo Keller, Stiftung Schleife

Vorwort von Andreas Keller

»Mach dir nur keine Sorgen!«, rief mir Maria Prean vom Flur meiner Eltern ins Esszimmer zu. Damals, es muss 1992 gewesen sein, befand ich mich zwischen Stuhl und Bank, die Schulzeit und Berufsausbildung lagen hinter mir, vor mir 1 000 Wege und Möglichkeiten, im Reich Gottes aktiv zu werden. Maria setzte hinzu: »Folge einfach Jesus nach und du wirst dich automatisch in deiner Berufung wiederfinden.« Mit diesem prophetischen Wort ließ sie mich nachdenklich am Esstisch zurück. Seit über 25 Jahren ist es mir ein Anker auf meinen Reisen und Diensten auf fünf verschiedenen Kontinenten. Gottes Berufungen haben *mich* immer wieder gefunden, auch wenn ich dachte, dass *ich* sie an den vielen Wegkreuzungen jeweils suchte.

Hinter dem Charme und dem Humor der Tirolerin liegt die feste Entschlossenheit, »ein Himmelslicht in der Welt zu sein« und in allen Umständen »am Lebenswort festzuhalten« (nach Philipper 2,15-16). Das wirkt nicht nur attraktiv, sondern ist jene magnetische Anziehungskraft, die Menschen aus allen Hintergründen und sozialen Schichten übernatürlich zu Jesus bringt.

Liebe Maria, wir sind Zeuge davon, dass dein Leben und die Geschichten, die in diesem Buch wiedergegeben werden, inspirieren und neuen Mut für die Herausforderungen des Alltags geben, weil wir darin »die Kraft seiner Auferstehung« sehen. Man mag aber erahnen, dass diese Kraft »in der Gemeinschaft seiner Leiden« begründet ist, die dir dein Herr Jesus hat zumuten können (nach Philipper 3,10).

Darum: Danke, Maria, für dein Durchhalten und für dein ganzes Ja zum Evangelium Jesu Christi, uns zum Vorbild. Und »Happy Birthday« zu deinen acht Jahrzehnten. Von meinem Vater weiß ich, dass in diesem Alter nochmals entscheidende Pflöcke mit Ewigkeitswert eingeschlagen werden.

Andreas Keller, Stiftung Schleife, Winterthur

Ich wurde 1939 in einer katholischen Familie geboren.
Bereits mit fünf Jahren beschäftigte mich die Frage, wozu ich auf
der Welt war und was der Sinn des Lebens ist.
Manche Erlebnisse meiner ersten Lebensjahre sind mir unvergesslich geblieben und haben mich tief geprägt.

1 Kindheit voll Glaube und Vertrauen

Wackelnde Wände und festes Vertrauen

Im Jahr 1944, ich war fünf Jahre alt, spielte ich mit meiner Puppe
Lisbeth. Sie hatte wunderschöne lange Haare und ein hübsches
Porzellangesicht. Gerade legte ich Lisbeth in ihr Schachtelbett
und ermahnte sie, nun ihren Mittagsschlaf zu halten. Meine Mutter stand neben mir und bügelte. Der Duft der frischen Wäsche
zog durch die Küche, und ich genoss die heimelige Wärme, die
sich vom Ofen her ausbreitete. Mein Brüderchen Kurti war zwei
Jahre alt und schlief nebenan. Plötzlich drang der durchdringende Lärm der heulenden Fliegeralarm-Sirenen durch die Luft. Ich
erschrak zutiefst, mein Herz begann, wie wild zu klopfen, und ich
fasste ängstlich nach Mamas Bein: »Mama, gehen wir jetzt in den
Luftschutzkeller?«, bat ich. Aber Mutter holte ein neues Wäschestück aus dem Korb und blieb ganz ruhig. Wir hatten in Innsbruck
schon viele Angriffe gehabt, und oft waren wir verängstigt in den
Keller gelaufen, obwohl die Flugzeuge nur laut über unsere Köpfe
hinwegdröhnten, aber keine Bomben ausklinkten. Mutter hasste

es, bei solchen Blindalarmen untätig im Keller zu sitzen, deshalb sagte sie heute: »Wir gehen erst, wenn wir die Bomben selbst fallen hören.«

Kaum hatte sie den Satz ausgesprochen, da zerbarsten auch schon alle unsere Fensterscheiben vom Druck der fallenden Bomben. Sie riss das Kabel des Bügeleisens aus der Steckdose, packte meinen Bruder, der in seiner Decke eingewickelt tief schlief, auf die eine Seite und mich auf die andere Seite. So rannten wir mit vielen anderen Menschen in den Luftschutzkeller.

Eng an meine Mutter gepresst hörte ich das Pfeifen der Bomben und die vielen Detonationen, die immer näher kamen. Vor Angst konnte ich kaum atmen, der Weg bis zum Keller schien heute unendlich weit zu sein. Durch die Haustür strömten aufgeregt schreiende Menschen, wir wurden beiseitegeschubst und erreichten endlich den Rettung versprechenden Keller.

Endlich stand ich wieder auf meinen eigenen Füßen und klammerte mich nun verängstigt an Mamas Beine. Die vielen hysterischen Erwachsenen in diesem kleinen Raum machten mir fast noch mehr Angst als die laut krachenden Bomben und die bebende Erde unter meinen Füßen.

Ich wollte nicht mehr in die verzweifelten Gesichter sehen, deshalb schaute ich das Regal an, auf dem die Bewohner des Hauses die Sachen, die ihnen heilig waren, aufgestellt hatten. Da waren Kreuze und verschiedene Statuen. Meine Mutter drückte mich und meinen Bruder eng an sich, denn sie wollte mit uns zusammen sterben, wenn es so weit kommen sollte, und uns nicht als Waisenkinder zurücklassen.

Ich spürte, wie sie uns ganz energisch in eine Ecke hineinschob und mit entschiedener Stimme sagte: »Hört auf zu schreien, lasst uns beten!« Sie begann: »Vater unser, der du bist im Himmel ...« Langsam kamen die Menschen zu uns in die Ecke und sprachen mit: »Geheiligt werde dein Name.« Immer dichter drängten sich all die Verängstigten um uns und nun beteten alle: »Dein Reich komme, dein Wille geschehe.« Ich versuchte, alle Worte mitzube-

18

ten, die ich schon behalten hatte, aber schließlich wusste ich nicht mehr weiter. So stand ich eng bei meiner Mutter, umgeben von Menschen, die innerhalb einer Minute ihre untätige Opferhaltung verlassen hatten und zu Betern geworden waren. Nun schaute ich in Gesichter, die immer noch ängstlich waren, aber doch einen Halt gefunden hatten und sich in all dem Chaos an ihren Glauben erinnerten, der ihnen Zuversicht und Hoffnung gab. »Wie im Himmel, so auf Erden.« Die Stimme meiner Mutter erbat sicher und fest den Schutz des unsichtbaren Gottes für uns, und ich merkte, wie auch ich ruhiger wurde. Leise betete ich: »Bitte, lieber Gott, pass auf meine Puppe Lissy auf!«

Auf einmal spürten wir, wie die Erde zitterte, und plötzlich ließ ein sehr starkes Beben unsere Knie erzittern. Eine Bombe war unmittelbar vor unser Kellerfenster in unseren Vorgarten gefallen. Der riesige Eisenschutz im Fenster wurde wie im Zeitlupentempo in unseren Raum geschleudert. Mit tosendem Scheppern fiel er direkt vor unsere Füße. Keiner von uns wurde verletzt, weil wir alle in dieser Ecke mit meiner Mutter beteten. Die starke Hand Gottes hatte uns bewahrt.

Ich weiß noch, wie wir nach dem Angriff ehrfurchtsvoll schweigend über die Trümmer und das Eisengitter wieder nach oben stiegen. Das Haus war stehen geblieben, aber viele Dinge lagen im Weg, und alle Fensterscheiben waren zerbrochen. Ich hatte nur einen Gedanken: »Wie wird es Lissy gehen?« Meine Puppe lag friedlich schlafend in ihrem Karton-Bettchen und ich drückte sie glücklich an mein Herz. Von diesem Tag an hatte ich keinen Zweifel mehr, dass Gott Gebete erhört!

Wie gut, dass meine entschlossene Mutter damals nicht mit Hysterie reagierte, sondern mit Glauben und Vertrauen in einen großen Gott!

Warmes Herz und kalte Füße

Wenige Monate später verbrachte ich die Weihnachtstage 1944 mit meiner Mutter und meinem Bruder Kurt in einem Bauernhaus im Bregenzer Wald.

Mein Vater und ich, 1942

Es war sehr kalt, und meine Mutter, die als Stadtkind das Feuermachen nicht gewohnt war, hatte oft Schwierigkeiten, die Stube warm zu halten. Zudem fürchtete sie sich vor den zahlreichen Mäusen, die es gab, und so zogen wir es vor, jeden Morgen erst spät aufzustehen. Wir kuschelten uns gemütlich in die dicken Federbetten, und meine Mutter erzählte uns Geschichten, oft bis 11 Uhr vormittags. Jeden Tag beteten wir für unseren Papa, der im Krieg war. In den Tagen nach Heiligabend wurden unsere Gebete besonders inbrünstig. Obwohl der Weihnachtsbaum bereits geschmückt war, blieb das Wohnzimmer noch fest verschlossen, denn Mutter befand: »Wir werden erst feiern, wenn Papa kommt!« So warteten wir Tag für Tag und hielten ungeduldig durch die kleinen zugefrorenen Fensterscheiben Ausschau nach dem erhofften Heimkehrer. Endlos lang verstrichen die Tage, bis sich endlich, am Dreikönigstag, vier Männer mühsam einen Weg durch den Tiefschnee zu unserem Haus bahnten. Aufgeregt rief ich meine Mutter ans Fenster, die sich nach einem kurzen Blick hinaus sofort einen Schal umlegte und Mantel und Stiefel anzog. Froh eilte sie den Männern entgegen und führte sie in unsere warme Stube. Mein Vater und seine drei Begleiter waren so durchgefroren und erschöpft, dass sie zunächst kaum sprechen konnten.

Wir Kinder drückten uns still in eine Ecke und schauten mit großen Augen zu, wie sich die vier ihre Schuhe von den Füßen zogen. Sie ächzten und stöhnten so sehr dabei, dass ich ganz ängstlich wurde. Als schließlich die Schuhe neben ihnen standen, sahen wir, was ihnen so große Schmerzen bereitet hatte: Die Fußsohlen waren in den Schuhen festgefroren und große Hautstücke klebten noch immer in den Stiefeln. Ich konnte kaum glauben, dass mein Papa eine solche Kälte ertragen hatte, um uns zu Weihnachten zu sehen. Seine Füße waren ihm ganz egal, wenn er nur mit uns feiern konnte!

Jetzt tat es mir nicht mehr leid, dass wir so lange auf unseren Weihnachtsabend hatten warten müssen. Gott hatte unseren Vater durch Schnee und Eis zu uns zurückgebracht – das allein zählte!

Meine Mutter pflegte die Männer einige Tage lang und versorgte ihre Wunden, sodass auch die drei Freunde meines Vaters heil nach Hause gehen konnten.

Schwarze Hand und weißes Händchen

Im Frühjahr 1945 marschierten die Alliierten in dem kleinen Dorf im Bregenzer Wald ein. Eine Armee von Soldaten teilte sich auf die Bauernhöfe auf. Auch bei uns quartierten sich einige Männer ein. Ich versteckte mich hinter dem langen Rock meiner Mutter, die der Befreiung teils erleichtert, teils beunruhigt entgegensah. Niemand wusste genau, was jetzt geschehen würde. Als ich vorsichtig am Rockbund meiner Mutter vorbeilinste, traute ich meinen Augen kaum: Da kamen unter anderem einige Männer mit ganz schwarzer Haut auf uns zu! Wie erstarrt blieb ich stehen, ich konnte meinen Blick nicht mehr abwenden. Das ganze Gesicht, die Hände – alles war dunkelbraun und bei einem Mann sogar scheinbar ganz schwarz! Wie sehr leuchteten dagegen die Augen und die weißen Zähne aus dem großen Gesicht! Meine Mutter schien das nicht zu beeindrucken. Sie öffnete weit die Haustür und lud die Männer zu uns ein.

Geschwind hatte sie Geschirr und Essen auf den Tisch gestellt: Feinsten Holundersaft, frisch gebackenes Brot und köstliche selbst gemachte Marmelade. Hungrig griffen die Männer zu, während ich mich hinter dem Herd versteckt hielt und mit klopfendem Herzen auf einen günstigen Moment wartete. Dieses Geheimnis der beeindruckend dunklen Haut musste ich näher erforschen. Ich schlich mich von hinten an einen dieser schwarzen Männer heran und versuchte, mit meinem Zeigefinger etwas von der »Farbe« auf seiner Hand abzukratzen. »What are you doing?«, rief er verblüfft, aber dann verstand er schnell und lachte herzlich über meine ungewöhnliche Annäherung. Mit einem Schwung hob er mich hoch und ich landete auf seinem großen Schoß. Nun konnte ich sein dunkles Gesicht mit den freundlich lachenden Augen und dem strahlenden Mund aus nächster Nähe betrachten. Hin- und hergerissen zwischen Angst und Faszination blieb ich still sitzen, bis er Fotos von seinen Kindern herausholte und in der fremden, lauten Sprache zu erzählen begann. Ich verstand, dass dieser Mann auch ein Papa war und dass seine Kinder weit weg auf ihn warteten. Ihre Gesichter waren tatsächlich ebenso schwarz wie seines, und seine Frau umarmte die Kinder auf dem Foto genauso liebevoll, wie uns unsere Mama immer in die Arme schloss.

Lange noch saß ich still auf seinem Schoß und betrachtete all die Fotos, die die Männer nun aus ihren Taschen hervorkramten. Am liebsten jedoch schaute ich auf mein kleines weißes Händchen, das auf der großen schwarzen Hand lag, während die Männer erzählten und lachten.

Wie unglaublich, dass es in der Welt da draußen so verschiedene Menschen gab!

Tiefer Glaube und hoher Anspruch

Im selben Jahr zogen wir wieder nach Innsbruck und ich konnte endlich zur Schule gehen. Am wichtigsten waren mir aber die Nachmittage in der katholischen Kirchengemeinde, wo ich mit vielen anderen Kindern auf die Erstkommunion vorbereitet wurde. Der Priester, der uns von Jesus erzählte, lebte mit einer solchen Ausstrahlung die Liebe Jesu und erzählte die Geschichten der Bibel mit so viel Glauben und Gottvertrauen, dass ich die Stunden kaum abwarten konnte, bis ich wieder zur Kirche gehen durfte.

An seinem Vorbild habe ich gesehen, dass es eine wunderbare Sache sein muss, sein ganzes Leben Jesus zu übergeben. Der

Priester erklärte uns, dass wir zu Jesus sagen könnten: »Komm du von jetzt an in mein Leben und übernimm du die Leitung! Ich will tun, was du von mir willst, denn du kennst mich und hast den besten Plan für mein Leben. Ich vertraue dir, Jesus, und gebe dir mein Leben!«

Ein ähnliches Gebet sprach ich dann auch, tief bewegt von der Gegenwart Gottes, bei meiner Erstkommunion. Ich spürte, dass Jesus selbst da war und war ganz ergriffen von seiner so fühlbaren Existenz, dass ich mich den restlichen Tag in mein Zimmer einschloss und nicht herauskam.

Meine Mutter hatte Gäste zu meinem Festtag eingeladen, alle wollten mich sehen, mit mir Kuchen essen und mir kleine Geschenke geben. Aber mir war nur wichtig, dass ich nun ein Kind Gottes geworden war, und ich verbrachte den ganzen Tag allein im Gebet. Meine Familie schüttelte den Kopf über so viel Frömmigkeit, aber für mich war es der schönste Tag meiner Kindheit.

Ein Jahr später, im Januar, befand ich mich wie so häufig auf dem Weg zur Kirche. Ich wickelte meinen Schal enger um den Hals und stapfte eilig durch den Schnee. Der Weg war lang und anstrengend für eine kleine Siebenjährige, und wieder einmal hatte meine Mutter mich kopfschüttelnd gefragt, ob ich den Marsch bei diesem Wetter in der Dunkelheit denn wirklich antreten wolle. »Ich bin fast acht«, hatte ich geantwortet, »und nach der Messe werde ich auf Kurti aufpassen.« Sie hatte geseufzt und mich ziehen lassen. Seltsam, dass sie nicht verstand, wie wichtig die Messen an den Freitagen für mich waren. Wenn ich es schaffen würde, neun Monate lang jeden ersten Freitag des Monats zur Messe mit Beichte und Kommunion zu gehen, dann würde Gott mir sicher alle meine Schuld vergeben, und ich würde gleich nach meinem Tod im Himmel ankommen. Das hatte uns der Priester versprochen, und ich würde es schaffen, ganz sicher.

Immer noch gab es nichts Wichtigeres und Schöneres für mich, als in der Kirche zu sein, bei Gott selbst. Dort, im Tabernakel, war er gegenwärtig, und jedes Mal war es ein neues Erlebnis für mich, eine Stunde in seiner Nähe zu verbringen.

Der Schnee wurde tiefer, und ich musste die Füße nun ganz hochheben, um voranzukommen. Es war kalt und meine Zehen konnte ich schon fast nicht mehr spüren. Aber was war das gegen das große Opfer, das Jesus Christus für mich am Kreuz vollbracht hatte? Als uns der Priester im letzten Jahr davon erzählte, musste ich weinen, denn ich war ja schuld daran, dass Jesus sterben musste. Ich machte so viel verkehrt, war selbstsüchtig und ungehorsam, aber Jesus hatte es trotzdem vergeben und mit seinem Blut dafür bezahlt. Nachdem ich das verstanden hatte, beschloss ich gleichzeitig, alles wiedergutzumachen und von jetzt an ein besserer Mensch zu sein. Ich würde fleißig in der Schule lernen, ich würde die Verantwortung für meine jüngeren Geschwister übernehmen, ich würde die Messen nicht versäumen und Gott nicht wieder so enttäuschen. Mit jedem Schritt in der Kälte verankerte ich diesen Entschluss tiefer in meinem Herzen. »Ich will gut sein. Ich will besser sein.« Der Schnee knirschte und endlich kam das einladende Kerzenlicht der Kirche in Sicht. Hastig betrat ich den Raum, benetzte meine Finger mit dem Weihwasser und schlug das Zeichen des Kreuzes an Brust und Stirn. Im Gang machte ich einen tiefen Knicks zum Tabernakel hin und merkte erleichtert, dass die Heilige Messe noch nicht begonnen hatte. Mit einem Nicken begrüßte ich den Priester und die Messdiener, die noch mit den Vorbereitungen beschäftigt waren. Dann schlüpfte ich in die Bank und kniete nieder. »Heiliger, allmächtiger Gott«, betete ich, »habe Dank, dass ich hier sein darf und du mir deinen Schutz auf dem Wege gewährt hast. Ich komme zu dir und bitte dich um Vergebung, dass ich in der letzten Woche wieder gefehlt habe. Ich will öfter an dich denken und mit dir reden, ich will gut auf meine Geschwister aufpassen und nicht mehr jammern und Mama enttäuschen. Bitte hilf mir, ein guter Mensch zu werden. Ich will auch alles tun, was du sagst und deine Gebote halten. Amen.« Ich musste mein Gebet schnell abbrechen, denn die Messe begann. Glücklich setzte ich mich und genoss wie jede Woche die wunderbare Liturgie, die lateinischen Worte, die ich ebenso wenig verstand wie manche der deutschen Worte, wenn das Evangelium gelesen wurde. Aber das war nicht wichtig. Immer wieder schaute ich bewegt zum Tabernakel und dachte: »Da ist er. Gott ist hier und ich darf auch da sein. In seiner Nähe.«

In den folgenden Wochen und Monaten ging ich weiterhin regelmäßig zu den Gottesdiensten und kam auch nachmittags, wann immer ich Zeit hatte, um in der Kirche zu beten. Ich schaffte es tatsächlich, die ersten neun Freitagsmessen nicht zu versäumen.

Eine besondere Gebetserhörung hatte ich wenig später, als mein kleiner Bruder Kurti mit ungefähr sechs Jahren einen Blinddarmdurchbruch hatte. Die Ärzte gaben meinen Eltern wenig Hoffnung für ein Überleben. Da ich meinen Bruder sehr liebte, ging ich auf die Knie und flehte Jesus an, Kurti zu heilen. Bald empfand ich eine tiefe Gewissheit in meinem Herzen, dass er geheilt werden würde. Ich bin zu meinen Eltern gelaufen und habe sie ermutigt, nicht zu weinen, denn Jesus würde sich um Kurti kümmern. Sie dachten, ich könne mich mit der Realität nicht abfinden und trösteten mich. Aber mein Bruder wurde geheilt und ist heute Arzt. Und dafür preise ich Gott von ganzem Herzen.

Meine Schwestern Rosemarie und Margot wurden 1945 und 1948 geboren. Ich wurde als Älteste oft in die Pflicht genommen und passte auf die kleinen Geschwister auf. Meine Mutter übertrug mir immer mehr Verantwortung und stellte hohe Erwartungen an mich. Sie traute mir scheinbar alles zu und spornte mich zu immer besseren Leistungen an. Einmal sagte sie sogar: »Wenn du es willst, Maria Luise, dann kannst du auch ein Buch auf Chinesisch lesen!«

Ich aber war nie richtig zufrieden mit mir. Wenn ich in den Spiegel sah, blickten mich die glanzlosen Augen eines unscheinbaren kleinen Mädchens an, und selbst als ich älter wurde, schien sich daran nichts zu ändern. Außerdem wurde ich das Gefühl nicht los, dass ich irgendwie zu früh geboren worden war. Manchmal fing ich Bemerkungen meiner Eltern auf, die mich glauben ließen, ich sei unerwartet gekommen und auch »nur« ein Mädchen geworden. So strengte ich mich immer mehr an, um ihnen zu gefallen.

Meine Volksschuljahre verliefen ohne besondere Ereignisse. Es waren die Nachkriegsjahre und die Erwachsenen waren stark mit dem Wiederaufbau beschäftigt. Es gab wenig Zeit für gemeinsame Spiele, denn die Arbeit stand an erster Stelle.

2 Prägende Jugendzeit

Die wichtigsten Worte

Es war ein sonniger Vormittag im Frühling 1953. Meine Freundin Grete und ich standen während der großen Pause in den ersten Sonnenstrahlen auf dem Schulhof. Grete plauderte fröhlich von all den wichtigen Ereignissen in ihrem Leben, doch ich stand still daneben und konnte nichts sagen. Je fröhlicher sie wurde, umso deutlicher erschien mir die Sinnlosigkeit meines Lebens. Ja, ich war eine gute Schülerin, die brav das tat, was man von ihr erwartete. Zuhause trug ich oft die Verantwortung für meine drei kleinen Geschwister und meine Mutter konnte sich stets auf mich verlassen. In letzter Zeit fragte ich mich aber immer öfter, wozu das alles gut sein sollte. Wozu war ich auf dieser Welt – nur, um zu funktionieren? War das etwa schon alles: brav sein, gute Noten, ein angesehener Beruf? So nickte ich nur traurig, während Grete von ihren Plänen für den nächsten Sommer erzählte.

Plötzlich stand unsere Direktorin, Frau Grienberger, neben uns. »Maria Luise, hier gebe ich dir dein Poesiealbum zurück«, sagte sie freundlich und drückte mir das kleine Büchlein mit dem schwarzen Ledereinband in die Hand. »Einen schönen Tag noch!«, grüßte sie uns dann und ging wieder zurück ins Schulhaus.

Nun wurde ich ganz aufgeregt, wie immer, wenn ich mein Album zurückbekam. Was hatte sie wohl geschrieben? Auch Grete hatte ihren Redeschwall gestoppt und beobachtete mich interessiert. Neugierig schlug ich das Büchlein auf und fand schnell ihren Eintrag: »Maria Luise: Gott hat dir viele Gaben und Talente gegeben. Setze sie ein und du wirst viele andere und dich selbst glücklich machen. Deine Direktorin Frau Grienberger.«

Mein Herzschlag setzte für eine Sekunde aus. Fassungslos starrte ich auf die in gestochener Handschrift verfassten Zeilen. Vergessen waren alle Traurigkeit und Zweifel am Sinn meines Lebens. »Viele Gaben und Talente, viele Gaben und Talente …«, immer wieder kreisten diese Worte durch meinen Kopf. Die Leiterin unserer großen Schule, eine Frau mit Verstand, die so viele Mädchen kannte, hatte mir geschrieben, dass Gott mir viele Gaben und Talente gegeben hatte. Dann war mein Leben ja doch nicht sinnlos! Sie musste es doch wissen – sie war ja schließlich die Direktorin.

Ich hatte das Poesiealbum sinken lassen und starrte nun auf die Schülerinnen, die wieder zurück in ihre Klassen gingen. So viele Kinder, aber mir hatte sie das geschrieben. Grete nahm mir das Buch aus der Hand. »Was ist denn, Maria Luise, was steht da denn? Etwas Schlimmes?« Neugierig las sie und gab mir das Buch zurück. »Wie lieb von ihr!«, meinte sie. »Das ist sehr ermutigend für dich. Komm, gehen wir hinein, wir dürfen nicht zu spät zur Mathematikstunde kommen!« Still folgte ich meiner Freundin ins Klassenzimmer, das Büchlein fest an die Brust gepresst. »Setze sie ein und du wirst viele andere und dich selbst glücklich machen!«, flüsterte ich und nahm glücklich an meinem Pult Platz.

In den folgenden Monaten und Jahren dachte ich noch oft an

diese Worte. Sie ermutigten mich und gaben mir ganz neue Hoffnung für meine Zukunft.

Während meiner Schulzeit waren auch meine Freundinnen Erika, Vera, Traudel und Sieglinde sehr wichtig für mich. Ich konnte mich immer mit ihnen austauschen und bis heute sind sie mir liebe Freundinnen geblieben.

Die bitterste Wurzel

Mein Vater war ein leidenschaftlicher »Häuslebauer«. Da wir immer knapp bei Kasse waren, musste natürlich die ganze Familie fest mithelfen, was besonders meine Mutter, meinen Bruder und mich betraf, denn meine zwei kleinen Schwestern waren noch zu klein. So ging es jahrelang jedes Wochenende und in den Ferien nach Kranebitten, einem Vorort von Innsbruck, wo wir bauten, aber auch viel Spaß hatten.

Meinem Vater allerdings war das Haus bald zu klein und er wollte etwas Größeres bauen. So wurde ein großes Haus um die-

Die Geschwister 1957: Margot, ich, Kurt, Rosemarie

ses Wochenendhaus gebaut, was einige Jahre dauerte und unseren vollen Einsatz forderte.

Mein Bruder und ich waren gerade in den Teenager-Jahren, und da ist es nicht besonders reizvoll, an den Wochenenden und in jeden Ferien eine Betonmaschine zu bedienen, Ziegel anzureichen oder irgendwelche anderen Bauarbeiten zu leisten.

Allerdings durften wir immer unsere Freunde einladen, doch obwohl meine Mutter eine ausgezeichnete Köchin war, kamen sie meistens nur einmal mit. Das hat in uns Kindern bewirkt, dass wir uns damals vorgenommen haben, selber kein Haus zu bauen, denn es schien nur Mühe zu sein.

Jahrelang haben wir dann bei Familienfeiern in Liedern und Gedichten immer wieder den Hausbau zur Sprache gebracht, und alle lachten, nur mein Vater nicht. In Wirklichkeit handelte es sich um Bitterkeit, die in Humor verpackt war, und später musste ich Buße tun über meiner Einstellung, mein Vater habe uns die Jugend verbaut. Jeder Versuch, mir selbst ein Grundstück zu kaufen oder ein Haus zu erwerben, war ohne Segen. Es gelang mir nichts, bis ich erkannte, dass ich das vierte Gebot nicht gehalten hatte: *Du sollst deinen Vater und deine Mutter ehren, auf dass du lange lebest in dem Lande, das dir der HERR, dein Gott, geben wird* (2. Mose 20,12). Und erst, als ich meinen Vater für meine Bitterkeit um Vergebung bat, schenkte Gott das Gelingen und den Segen.

Auch ein anderes Ereignis aus meiner Kindheit ist mir noch sehr stark in Erinnerung. Wir wollten uns einen Hund anschaffen. Mein Vater war sehr natur- und tierliebend und hatte diese große Liebe auch in mein Herz »gepflanzt«. So redete ich bei den Gesprächen über das neue Haustier engagiert mit und setzte mich für einen Collie ein. So einen »Lassie« zu besitzen, war mein größter Traum. Meine Eltern waren aber dagegen. Sie wollten lieber einen kleineren und pflegeleichteren Hund. Ich betete innig um einen Collie und dass mein Vater doch seine Meinung ändern sollte. Als wir wenig später ins Tierheim fuhren, staunten wir nicht schlecht, dass der einzig verfügbare Hund ein Collie war! So bekamen wir meinen erbeteten Collie!

Der sicherste Beruf

Ich schloss die Hauptschule mit guten Noten ab und fragte mich nun, wo der Platz war, an dem Gott mich haben wollte. Obwohl ich sehr viel für die Schule lernte und zu Hause kräftig mit anpacken musste, war ich weiterhin sooft es ging in der Kirche, um näher bei Gott zu sein und in Ruhe mit ihm zu sprechen. Meine Eltern machten sich deswegen Sorgen. Sie hatten Angst, ich sei weltfremd, und wollten mich gerne in eine »nüchterne« Berufslaufbahn lenken.

Ich träumte aber davon, Kinder zu haben. Seit ich denken konnte, war ich in jedem Spiel die Mutter gewesen. Ich pflegte meine Puppe wie ein Baby und wollte am liebsten immer die Mama sein, wenn ich mit anderen spielte. Vielleicht gab es einen Beruf, in dem ich viele Kinder aufnehmen oder mich zumindest darauf vorbereiten konnte, später einmal selbst Mutter von vielen Kindern zu werden?

Meine Eltern ließen aber keine Diskussion zu. Sie schickten mich auf die Handelsakademie, auf der ich die Matura (das Abitur) machen sollte und gleichzeitig eine kaufmännische Ausbildung erhielt. Ich fügte mich in ihren Willen, aber bald merkten sogar die Professoren, dass ich aufgrund meiner wahren Berufung eigentlich falsch zwischen den Rechnungsbüchern und Zahlenkolonnen war. Durch meinen Fleiß und meine Hartnäckigkeit konnte ich aber auch diese Schule gut abschließen. Immer noch hatte ich die innere Einstellung, dass ich dann geliebt wurde, wenn ich Leistung erbrachte, wenn ich brav war, wenn ich nicht störte oder auffiel.

Ein einziges Mal setzte ich mich gegen meine Eltern durch. Es war ein Jahr nach der Matura auf der Handelsakademie, ich arbeitete mittlerweile bei einem Steuerberater, und ein Ferienaufenthalt in Italien stand bevor. Die Professoren glaubten, Italienisch sei sehr wichtig für das Fortkommen im Berufsleben und hatten einen Austausch mit Studenten in Italien organisiert. Meine Eltern erlaubten, dass ein junger Mann für sechs Monate bei uns wohnte, wodurch sich mein Italienisch enorm verbesserte. Beim Gegenbesuch am Gardasee lernte ich auch seinen Freund Paolo kennen. Zusammen mit anderen jungen Leuten unternahmen wir viel, lachten und genossen die Gemeinschaft miteinander. Seine Familie lud mich ein, auch sie einmal zu besuchen.

Ich hegte keine romantischen Gefühle für Paolo, aber unser Studentenaustausch schien mir die richtige Gelegenheit, noch einmal allein wegzufahren und seine Familie am Gardasee kennenzulernen. Meine Eltern sahen das diesmal aber ganz anders. Sie regten sich schrecklich auf und behaupteten, sie hätten zu viel Angst um mich. Ich ließ aber nicht locker und redete tagelang auf sie ein. Schließlich war ich inzwischen 19 Jahre alt und kam mir sehr erwachsen vor. Irgendwann gaben sie nach und ich durfte fahren. Glücklich packte ich meine Koffer und stieg in den Zug. Ich konnte das schlimme Erlebnis nicht vorausahnen, das mein Leben sehr stark verändern würde.

Der größte Schmerz

Bei Paolos Familie schien zunächst alles nur Freude und Sonnenschein zu sein. Ich wurde freundlich aufgenommen und teilte das Zimmer mit seiner Schwester Rebecca, die nur etwas älter war als ich. Aber als ich nach ein paar Tagen abends in das Zimmer kam, lag sie bereits im Bett und weinte herzzerreißend. Verwundert nahm ich an ihrem Bett Platz und versuchte herauszubekommen, was Rebecca so traurig machte. Wir hatten einen wundervollen Tag am See verbracht, und ich konnte mir einfach nicht vorstellen, was passiert war. Sie weinte aber nur noch mehr, als ich sie fragte, und drehte sich schluchzend zur Wand. Ratlos ließ ich sie in Ruhe und ging selbst zu Bett. Lange noch lauschte ich ihrem Schluchzen, bis ich irgendwann beunruhigt einschlief.

Mitten in der Nacht wurde ich davon wach, dass ich aus dem Bett gehoben wurde. Ich wurde aus dem Zimmer getragen und bevor ich noch richtig wach war, lag ich in Paolos Zimmer auf dem Bett. Verwirrt setzte ich mich auf und erblickte den jungen Mann, der nun neben mir stand. Schläfrig suchte ich nach den richtigen italienischen Worten, aber mir fiel so schnell nichts ein. Ich rieb mir die Augen und wollte gerade wieder aus dem Bett steigen, als Paolo sich neben mich setzte und die Arme um mich legte. »Bella, Belissima, ti amo!«, flüsterte er mit rauer Stimme und küsste mich stürmisch und rücksichtslos. Ich war schockiert. Wir hatten zusammen gelacht und geredet, ein paar Mal beim Spazierengehen Händchen gehalten, wie kam er jetzt darauf, mich mit solchen Liebestiraden zu attackieren? »Aua!«, murrte ich unwillig und versuchte, mich aus seiner Umarmung zu befreien. Aber Paolo ließ sich nicht abwehren. Jetzt fühlte ich mich wie eine Maus vor einer Schlange – hilflos ausgeliefert! Er stieß mich zurück auf das Bett und zog sein Hemd aus, dann küsste er mich wieder und hielt dabei meinen Kopf fest, damit ich ihn nicht wieder wegziehen konnte. Inzwischen war ich hellwach und voller Panik. Scheinbar war es ihm ganz egal, ob er mir wehtat. Er drückte mich mit dem Gewicht seines Körpers auf die Matratze, bis ich kaum noch atmen konnte. »No, Paolo, no!«, jammerte ich, aber er schien entschlossen zu sein, noch weiter zu gehen. Innerhalb von Sekunden hatte er seine Hose ausgezogen und ich erstarrte vor Schreck. Noch nie im Leben hatte ich einen nackten Mann gesehen! Entsetzt schloss ich die Augen und versuchte, einen klaren Gedanken zu fassen. Inzwischen war mir klar, was er vorhatte, und die Angst pulsierte in meinen Adern und überflutete mein Denken und Sein in einer einzigen Sekunde. Immer noch lag ich erstarrt da und versuchte trotz der Panik, die mich erfasst hatte, weiterzuatmen. Diese Sekunden hatten Paolo gereicht.

Nun konnte ich mich nicht mehr wehren, denn schwer und schmerzend lag sein Körper auf meinem. Er vergewaltigte mich rücksichtslos.

Als es vorbei war, zog er sich an und sagte ohne erkennbare Gefühlsregung: »Ich will dich heiraten, Maria!« Ungläubig starrte ich ihn an. Wie konnte er es wagen? »Niemals!«, presste ich hervor. »Ich hasse dich! Nie werde ich dich heiraten können!« Er schaute auf mich herab und erwiderte: »Dann mache ich das Gleiche mit deinen Schwestern, dann wirst du schon zur Besinnung kommen!« Ruckartig setzte ich mich auf und blickte ihm nach, während er aus dem Zimmer verschwand. In haltlosem Schrecken krampfte sich mein Herz zusammen: Meine lieben, kleinen Schwestern – niemals durfte er so grausam auch zu ihnen sein!

Mein Unterkörper brannte vor Schmerz und überall spürte ich noch seine ekeligen Hände und seine feuchten Küsse auf meiner Haut. Er hatte mich benutzt und nun lag ich wie weggeworfen auf den schmutzigen Laken. Ich war der festen Überzeugung, dass ich gleich sterben würde. So lag ich zitternd auf dem Bett und konnte mich lange nicht bewegen. Schließlich wurde mir klar, dass ich weiterleben würde, und ich stand auf.

Den Rest der Nacht wusch ich weinend das Bettlaken und mein Nachthemd, nachdem ich mich so gut es ging gesäubert hatte. Ich wusste, dass es zwecklos war, denn von jetzt an würde ich nie wieder richtig sauber werden. Mein Leben war in dieser Nacht auseinandergebrochen. Er hatte mich vergewaltigt, aber ich hatte noch nicht einmal geschrien. Immer wieder kreisten dieselben Gedanken durch meinen Kopf. Ich hätte ihn schlagen müssen, kratzen, beißen, schreien. Wieso nur hatte ich so starr dagelegen und mich nicht gewehrt?

Ich sprach kaum noch mit meinen Gastgebern und reiste mit dem nächsten Zug ab. Rebecca hatte sich nicht getraut, noch einmal mit mir zu sprechen, und ich war sicher, dass sie vom Vorhaben ihres Bruders gewusst haben musste. Deshalb hatte sie am Vorabend so geweint. Während ich langsam meinem sicheren Zuhause entgegenschaukelte, fragte ich mich, ob man es mir ansah. Sie mussten es doch merken, was geschehen war, oder?

Eine einzige Nacht hatte gereicht, um meine Zukunft und Hoffnungen völlig zu verändern. Bitter lachte ich auf, denn nun mussten sich meine Eltern keine Sorgen mehr um mich machen. Nur zu gerne würde ich jetzt wie geplant beim Steuerberater arbeiten und mir die Flausen vom Mann und den zehn Kindern aus dem Kopf schlagen. Für einen Mann war ich jetzt nicht mehr gut genug – wer wollte mich jetzt noch? Abgesehen davon war es besser, Männern nicht mehr über den Weg zu trauen. Wie nett schien Paolo zu sein und als was für ein Monster hatte er sich entpuppt. Am besten hielt ich mich von nun an fern vom männlichen Geschlecht, dann würde mir so etwas hoffentlich nicht wieder passieren.

Die folgenden Jahre meines Lebens waren überschattet von der Vergewaltigung, denn ich konnte diese schlimme Nacht nicht vergessen. Außerdem habe ich mir nicht verziehen, dass ich mich nicht gewehrt und geschrien habe. Ich machte einen großen Bogen um alle Männer und schloss völlig aus, jemals zu heiraten. So sollte es mehr als zehn Jahre dauern, bis ich die heilende Kraft der Liebe Gottes auch an diesen Schmerz heranlassen konnte.

Die beste Lehrerin

Im Jahr nach meinem Abitur arbeitete ich bei einem Steuerberater und lernte dort, meine kaufmännische Ausbildung auch praktisch anzuwenden. Zu dieser Zeit erhielt ich auch verschiedene Angebote von Handelsschulen, dort zu unterrichten. Das konnte ich mir aber nicht vorstellen, schließlich war ich selbst erst 19 Jahre alt – wie konnte ich Jugendliche unterrichten, die nur etwas jünger waren als ich?

Nachdem ich mehrere Angebote abgelehnt hatte, wurde ich aber nachdenklich. Vielleicht steckte doch die Führung Gottes dahinter, dass so viele Schulen mich haben wollten? Also sagte ich im Gebet: »Wenn jetzt noch ein Angebot kommt, dann werde ich es annehmen!« Tatsächlich flatterte ein paar Tage später das Angebot der Klosterschule St. Josef in Feldkirch, Vorarlberg, ins Haus. Sie boten mir an, in der dortigen kaufmännischen Handelsschule Betriebswirtschaft, Stenografie und Maschineschreiben zu unterrichten.

Wenig später begann ich dort meine Stelle. Ich wollte unbedingt eine gute Lehrerin sein, denn es wurde mir bald bewusst, dass diese Schüler mehr brauchten als nur eine fachliche Ausbildung. Ich sehnte mich danach, ihnen auch Weisung fürs Leben mitzugeben, ihnen Wissen zu vermitteln, das ihnen im Leben wirklich helfen könnte. Schnell merkte ich aber, dass ich dafür selbst noch zu unerfahren war, und wurde immer unzufriedener, weil ich nicht die »beste« Lehrerin sein konnte und meinen Ansprüchen niemals genügte. Zudem legte sich das schwere Erlebnis der Vergangenheit immer wieder wie ein Schatten auf mein Leben, und bald schien mir alles zu schwer zu sein.

Zu dieser Zeit lag ich auch wegen einer Blinddarmoperation im Krankenhaus. Mein Vater kam trotz Lawinenwarnung mit der ganzen Familie über den Arlberg, um mich zu besuchen. Er war wirklich ein Familienmann. Wenn eines seiner Kinder in Not war, dann stand er ihm zur Seite.

Ich kündigte nach drei Jahren an der Handelsschule und ging für ein Jahr als Au-pair-Mädchen nach London zur Familie Smith in Hampstead Heath. Die liebevolle Wärme, mit der ich in dieser Familie aufgenommen wurde, ließ mich bald wieder zuversichtlicher werden. Andrea, die siebenjährige Tochter, »adoptierte« mich gleich wie eine große Schwester und erfreute meine Tage mit so viel Liebe und Freude, dass ich nach ein paar Monaten wieder glauben konnte, dass auch mein Leben lebenswert und erquickend war.

Wie ein Geschenk Gottes empfand ich das kleine Mädchen, mit der ich in großer Herzensgemeinschaft leben und lachen konnte.

Als ich selbst sieben Jahre alt war, trug ich schon so viel Verantwortung für meine Geschwister, und meine Mutter verlangte manchmal so viel von mir, dass es mir schien, als sei meine eigene Kindheit zu diesem Zeitpunkt zu Ende gewesen. Nun lehrte mich dieses kleine Mädchen, wieder Kind zu sein und das Leben anzunehmen und zu genießen. Wie liebevoll von Gott, mir Andrea als »beste Lehrerin« zu schicken – vielleicht, damit ich auch selbst einmal eine gute Lehrerin werden und endlich wieder glücklich sein konnte!

Nach diesem Jahr absolvierte ich die Prüfung für das Hauptschullehramt im Fach Englisch und bekam sogleich eine Stelle in Innsbruck.

Voller Elan fing ich meine Arbeit an, aber ich gestaltete meinen Unterricht wohl doch nicht so lebendig, wie ich dachte, denn ein Mädchen schlief immer wieder ein. Ungläubig forschte ich nach, woran das liegen konnte, und fand heraus, dass sich das Kind mit mehreren Geschwistern ein Bett teilte und in meinem Unterricht lediglich den Schlaf nachholte, den es in der Nacht versäumt hatte. Nun wusste ich genau: Um wirklich etwas in dieser Welt zu verändern und zu verbessern, muss ich ganz vorne anfangen und mich Kindern hingeben, die sonst keinen haben.

Die alte Sehnsucht meiner Kindheit und Jugend stieg wieder in mir auf: Ich wollte Mutter sein, eine Mutter, die von ganzem Herzen für ihre Kinder da war! Ich begann zu überlegen, wie das ohne Heirat möglich war. Schließlich gab es genug Kinder auf dieser Welt, die niemanden hatten und die dringend eine Mutter brauchten.

Ich entschloss mich, Kinderdorfmutter zu werden.
Zuerst wollte man mich nicht nehmen, da man glaubte, ich sei
»überqualifiziert« und könnte mich nicht mit Bügeln und Kochen
begnügen.
Doch ich war entschieden.

3 Der Wendepunkt

Bedingungslose Liebe

»Gabriele, jetzt komm sofort her und erledige deine Hausaufgaben!« Ärgerlich rief ich ins hinterste Zimmer und schaute dann noch einmal zu den drei anderen Kindern, die bereits friedlich am Küchentisch saßen und rechneten oder schrieben. Wo das Mädchen nur wieder blieb! Sie antwortete nicht und nun stampfte ich wütend zu ihr und riss die Tür zum Mädchenzimmer auf. »Was ist denn schon wieder mit dir los!«, begann ich laut zu schimpfen, aber schnell wurde ich still. Gabriele saß auf dem Tisch am Fenster und schaute hinaus. Unaufhörlich liefen die Tränen über ihr Gesicht und immer wieder wurde ihr kleiner Körper von heftigem Schluchzen geschüttelt. Vergessen war mein Ärger. Mitleidig eilte ich zu ihr und nahm sie in den Arm. »Aber Gabilein, was ist denn los mit dir?«

Das Mädchen griff zu einem Taschentuch, das schon ganz durchnässt war, und schnell gab ich ihr meines, damit sie sich schnäuzen konnte. Dann wartete ich geduldig ab, bis sie sich etwas beruhigt hatte. Dabei strich ich nur ab und zu über ihr langes schwarzes Haar und betete still für sie.

Schließlich konnte sie sprechen und sah mich an: »Die anderen sagen, dass ich bloß ein dummer Bastard bin und dass mich sowieso keiner will. Da brauche ich auch keine Hausaufgaben mehr zu machen!« Ein Stich fuhr durch mein Herz. Daher wehte der Wind! Schon beim Mittagessen hatte Gabi nur still in ihren Kartoffeln gestochert und fast nichts essen können. Tröstend schloss ich das Mädchen noch fester in meine Arme und betete um die richtigen Worte. Erst vor einem Jahr war ihre Mutter gestorben, und nach einer monatelangen Odyssee, bei der sie von einem Verwandten zum nächsten gereicht wurde, war sie vor Kurzem hier angekommen. Bevor ich antworten konnte, fragte sie bereits: »Was ist ein Bastard, Maria?« Ich holte tief Luft. »Das ist ein schlimmes und beleidigendes Wort für ein Kind, das keinen Vater hat. Ich finde aber, dass es dieses Wort gar nicht geben darf.« Neugierig sah mich Gabriele an: »Warum denn nicht?« »Nun, ganz einfach: Jedes Kind hat einen Vater. Manchmal kennt ihn aber nur die Mutter, und sie möchte nicht weitersagen, wer es ist, so wie bei dir. Dein Vater lebt ja irgendwo da draußen und weiß gar nicht, dass du geboren wurdest, weil deine Mutter es ihm nicht sagen wollte. Sie wird ihre Gründe gehabt haben.«

Eine Weile schauten wir aus dem Fenster und wieder tropften ein paar Tränen aus Gabis Augen. »Aber jetzt habe ich gar keinen mehr!«, schluchzte sie verzweifelt. »Du denkst, dass du ganz alleine bist, nicht wahr?« Wieder reichte ich ihr das Taschentuch. »Du bist noch nicht lange hier, Gabilein, und noch sehr traurig wegen deiner Mama. In ein paar Wochen wirst du merken, dass wir deine neue Familie sind. Du gehörst zu uns: Ich will deine neue Mutter sein und unten sitzen schon deine Geschwister am Tisch und machen Hausaufgaben.« Plötzlich hörten wir das Trappeln vieler kleiner Füße hinter uns und flugs waren die drei großen Kinder zu uns auf den Tisch geklettert. Es wurde eng, und sie quetschten sich an uns, bis wir alle lachen mussten. »Also gut«, prustete ich,

»sie sitzen hier auf dem Tisch und wollen dir zeigen, dass wir zusammengehören!«

Ich wartete, bis sich das Kichern beruhigt hatte, und sagte dann feierlich: »Und einen Papa haben wir alle gemeinsam: Gott hat jeden Einzelnen von euch sehr lieb und wird als euer Vater im Himmel immer auf euch achtgeben.« Und zu Gabriele sagte ich noch: »Er hat dich wirklich lieb und einen ganz besonderen Plan für dich, vergiss das nie!« Dann klatschte ich in die Hände: »Jetzt aber schnell an die Hausaufgaben, meine Großen, wenn die Kleinen wach werden, wollen wir noch alle zum Spielplatz gehen!« Nun lief auch Gabi munter mit den anderen in die Küche und ich nahm die nassen Taschentücher mit in die Wäsche. Bis alle fertig waren, konnte ich noch leicht einen Korb Bügelwäsche schaffen.

In den kommenden Wochen hatte Gabi noch oft mit ihrem Schmerz zu kämpfen, und das Miteinander der Geschwister lief nicht immer so harmonisch ab wie an diesem Mittag. Aber schließlich hatte sie verstanden, dass unsere kleine Wohngemein-

Im Kinderdorf Dornbirn, 1962, mit meinen Kindern

schaft im SOS-Kinderdorf Dornbirn tatsächlich ihr neues Zuhause war, und eines Tages sagte sie sogar »Mama« zu mir.

Erlebnisse wie diese hielten mir immer wieder den Sinn meines Tuns vor Augen, und ich war sehr glücklich, nun doch noch »Mutter« geworden zu sein.

Kinderdorfmutter zu sein, war für mich sehr herausfordernd und schön. Es war ein sehr intensives Leben. Ich wollte diesen Kindern ein Zuhause geben, als wären sie meine eigenen, und habe sie in jeder Hinsicht sehr gefördert. Wir gingen zusammen Skifahren und sind zusammen in den Urlaub gefahren. Wir hatten ein gutes Miteinander – es war mein Ziel, die beste Mutter zu sein und den Kindern das zu ersetzen, was sie bisher vermisst hatten.

Aber je länger ich als Kinderdorfmutter diente, umso dünner wurde ich und umso öfter bekam ich eine eitrige Mandelentzündung, die ich aber über Nacht mit Hausmitteln zu kurieren versuchte, da ich keine Zeit für einen Arztbesuch hatte.

Dann kam Markus zu uns, ein 13-jähriger Junge, von dem keiner wusste, woher er stammte oder kam. Er wurde als Baby in einem Wald in der Wiener Gegend gefunden und man konnte seine Identität nicht klären. Dieser Junge hatte schon sehr viele Heime und Pflegefamilien hinter sich und man wollte ihm in einem Kinderdorf noch eine Chance geben. Er galt als schwer erziehbar, und da ich die stabilste Familie hatte, kam er nun zu mir. Über Nacht geriet das Schiff unserer Familie, das bis dahin auf einem ruhigen Wasser unterwegs gewesen war, in einen heftigen Sturm!

Immer öfter fehlten nun Gegenstände aus dem Haus, die nur Markus weggenommen haben konnte. Jeden Tag beschwerten sich die anderen Kinder darüber, dass er etwas kaputt gemacht hätte oder sie schlagen und ärgern würde. Ich wusste nicht mehr weiter. Eines Morgens kam ich gerade mit einem Fläschchen voller Babymilch aus der Küche, als ich sah, wie Markus versuchte, das Baby in der Wiege mit einem Kopfkissen zu ersticken. Erschüttert versuchte ich, mit ihm zu reden oder ihn irgendwie sonst zu erreichen. Scheinbar interessierte er sich weder für Fußball noch für Musik oder irgendein anderes Hobby. Er schien den ganzen Tag nur zu überlegen, was er noch zerstören könne oder wo es noch irgendein Unheil anzurichten gäbe. Ich versuchte, zwischen den vielfältigen Aufgaben als Mutter von neun Kindern den Überblick nicht zu verlieren: den Haushalt in Ordnung zu halten, gesundes Essen auf den Tisch zu bringen und jeden Tag Zeit für die Kinder zu haben. Nun musste ich aber auch noch Markus in Schach halten und viele Stunden des Tages drehte sich alles nur um ihn. Für meinen schon geschwächten Körper war das eine weitere Herausforderung.

Während dieser Zeit war im Kinderdorf auch ein amerikanischer katholischer Priester, dem ich mein Herz ausgeschüttet habe und der mit diesen Prozessen umgehen konnte. Er war auch der Leiter des Dorfes, und ich sah, wie er durch das Dorf ging und für mich betete, damit ich den richtigen Weg einschlagen möge. Er selbst sagte zu mir: »Maria, Gott handelt in deinem Leben, du musst diese Kinder wieder zurückgeben – Gott hat andere Pläne für dich!«

Ich war fest davon überzeugt, dass ich als Kind Christus in meinem Leben aufgenommen hatte, aber ich war mir nicht sicher, ob er mich so annehmen konnte, wie ich war. Weiterhin glaubte ich: Ich muss mich noch verändern, damit Gott mich annehmen kann. Dadurch wurde jedes Versagen zu einer großen Bedrohung. So strengte ich mich immer mehr an – und es wurde auch immer anstrengender.

Eines Tages erwachte ich in den Morgenstunden auf meinem Wohnzimmerteppich. Ich hatte noch meine Kleidung an und wunderte mich sehr, wie ich da hingekommen war. Ein innerer Schrecken ergriff mich, und ich spürte, dass ich die Kontrolle über mein Leben verlor, denn ich musste ohnmächtig geworden sein. Nun stand ich mit einer neuen Entschlossenheit auf, wollte noch mehr geben, betete noch mehr. Ich ging täglich in die Frühmesse und kam mir vor wie ein Hamster in einem Rad: Immer schneller unterwegs, ohne voranzukommen, denn je mehr ich mich anstrengte, desto mehr hatte ich den Eindruck, mich von Gott zu entfernen.

So geschah der gleiche Zusammenbruch an einem Karfreitag noch einmal und wieder erwachte ich auf meinem Teppich. Da schrie ich innerlich zu Gott: »Herr, ich strenge mich doch so an!« Seine Antwort war: »Ja, du bist sehr anstrengend.« Das war für mich eine sehr erschütternde Antwort, und ich fühlte mich von Gott abgelehnt, auch er wollte also meine »guten« Werke nicht!

Hatte ich denn bisher alles falsch gemacht? Ich musste doch gut sein, Leistung erbringen, immer und um jeden Preis lieben, denn dann wurde ich auch geliebt – oder etwa nicht? Unsicher begann ich, mich zu fragen, ob ich mir das vielleicht selbst ausgedacht hatte. War dies am Ende meine selbst gebastelte Erlösung?

An diesem Tag kam ich an das Ende meiner eigenen Kräfte, und mir wurde bewusst, dass ich eine vollkommene »Null«, ein Versager war und blieb. Ich konnte mich nicht selbst retten, und je mehr ich mich anstrengte, desto anstrengender wurde ich für mich selbst und für andere, auch für Gott!

So ging ich an jenem Karfreitagabend ins Bett, erklärte meinen inneren Bankrott und sagte zu Gott: »Herr, ich schaffe es nicht, selbst wenn es bedeutet, dass ich in die Hölle komme – ich gebe dieses christliche Leben auf –, ich schaffe es nicht.«

Ich erwartete, dass Gott zu mir sagt, »Ja, mit dir bin ich fertig, mit dir kann ich nichts anfangen.« Doch in dieser tiefen inneren Angst hörte ich zu meiner großen Überraschung in meinem Innersten die Worte Gottes: »Endlich hast du es begriffen, jetzt können wir gemeinsam leben!«

Also war es wirklich wahr? Ich musste gar keine Leistung erbringen und ein guter Mensch sein, um vor Gott bestehen zu können? Ich weinte sehr, weil ich alles so falsch verstanden hatte, aber noch mehr, weil ich jetzt Angst hatte, was kommen würde. Wenn meine eigene Kraft nicht zählte oder reichte und wenn alles, was ich bisher erstrebt und gewollt hatte, auch falsch war –

was blieb dann eigentlich noch von meinem Leben übrig? Wer war ich, außerhalb meiner Leistung und meines Willens?

In dieser Nacht fiel mir die Geschichte von Abraham aus der Bibel ein. Gott hatte von ihm großes Vertrauen gefordert, er sollte sogar seinen einzigen Sohn Isaak auf den Brandopferaltar legen und ihn damit Gott ganz anvertrauen. Ob ich das auch konnte? Meine lieben Kinder loslassen und sie ganz und gar Gott übergeben?

Gott zeigte mir, dass er sie mir anvertraut hatte und ich sie ihm wieder zurückgeben musste. Das war für mich sehr schmerzhaft, und ich gehorchte unter Tränen, indem ich für jedes einzelne Mädchen und jeden Jungen in meinem Haus betete und sie zum Schluss ganz Gott übergab. Er sollte tun, was ihm gefiel, ich wollte ihm vertrauen.

Nach dem Gebet lag ich noch lange still auf dem Bett, als vor meinem inneren Auge ein Bild auftauchte: Ich sah, wie Christus in meinem Zimmer am Kreuz hing und ich mit meiner Schürze, die mit meiner Selbstgerechtigkeit, meiner Angst, meiner Unabhängigkeit und meinem Stolz gefüllt war, vor Gott stand.

Zum ersten Mal erkannte ich, dass meine Schuld schon genügte, um Christus zu töten. Bis dahin hatte ich immer noch den Eindruck gehabt, Christus sei »nur« für die schlimmen Sünder dieser Welt gestorben, aber für meine Schuld hätte man sicherlich eine andere Lösung finden können! Schließlich war ich immer ein guter Mensch gewesen und hatte mich Tag für Tag bemüht, Gott zu gefallen.

Da sah ich den leidenden, zerschundenen und blutenden Körper des Herrn und wusste, dass meine Schuld ihm noch mehr Leid hinzufügt, weil er dafür den Preis bezahlen muss. Doch gleichzeitig wusste ich auch, dass es meine einzige Chance war!

Ich öffnete diese Schürze und wie von einem Magneten wurde meine ganze Sünde auf ihn gezogen. Es war noch mehr, es war, als würde dieser alte Mensch, die bisherige Maria, auf ihn gezogen. Zu meiner großen Überraschung sah ich mich Sekunden später in einem schneeweißen Kleid zu Füßen des Kreuzes stehen, und ich wusste, dass ein Tausch stattgefunden hatte: Mein alter Mensch war auf ihn gekommen und er hatte mir seine Gerechtigkeit geschenkt.

Von diesem Tag an habe ich nie mehr daran gezweifelt, dass ich Gottes Kind bin. Ich wusste, dass das ewige Leben ein Geschenk ist, das Gott denen gibt, die arm genug geworden sind, um es zu empfangen. In jener Nacht ist Christus in meine Seele eingezogen, in die Schaltkammern meines Herzens, und ich wusste, dass Gott etwas ganz Neues mit mir vorhatte.

Am nächsten Morgen erzählte ich alles dem Leiter des Dorfs, meinem vertrauten katholischen Priester, und er entschied: »Ich muss dich sofort nach Hause bringen. Du brauchst jetzt dringend erst einmal Ruhe, um wieder zu Kräften zu kommen.« Er ermutigte mich, dies als Sprechen Gottes zu nehmen und ihm zu gehorchen.

Noch am selben Tag fuhr er mich nach Hause zu meinen Eltern. Doch als ich aussteigen sollte, konnte ich mich nicht mehr bewegen. So trug mich mein Bruder Kurt aus dem Auto und legte mich auf das Sofa im Wohnzimmer. Meine Eltern, die mich bisher immer stark erlebt hatten, waren sehr erschrocken über meinen Zustand. Der Priester bat sie, mir in dieser Lebenskrise liebevoll beizustehen und berichtete ihnen, dass Gott in meinem Leben wirkte.

Fortan registrierte ich alles, was um mich herum geschah, konnte aber nicht einmal den Arm heben. Nichts gehorchte mir und meinem Willen. So musste ich substanziell erfahren, dass ich nichts konnte. Nachdem ich lange geschlafen hatte, dachte ich irgendwann: »Im Namen Jesus, Arm, bewege dich!« So fing mein Körper nach und nach wieder an zu funktionieren, und ich genoss die Pflege meiner lieben Eltern, denen mich diese Zeit der Krankheit nähergebracht hat. Meine Mutter erledigte am Anfang auch den kleinsten Handgriff für mich und pflegte mich wie eine ausgebildete Krankenschwester. Als es mir besser ging, nahm mein

Vater sich Urlaub, und bei unseren gemeinsamen Spaziergängen konnte ich langsam wieder zu Kräften kommen. Mir wurde klar, dass ich meine Arbeit als SOS-Kinderdorfmutter nun aufgeben musste, weil Gott etwas anderes mit mir vorhatte.

Obwohl ich es in meinem Herzen schon vollzogen hatte, war es doch ein sehr schmerzvoller Schritt, diesen Weg dann auch zu gehen. Die Kinder liebten mich und ich liebte sie. Der Abschied war eine der schlimmsten Stunden meines Lebens. Gott hat es aber so geführt, dass er diesen Kindern eine gute Mutter geschenkt hat, die sie zum Teil heute noch begleitet, und ich habe selbst auch wieder Kontakt mit einigen der Kinder bekommen.

Rückblickend, darf ich sagen, dass diese Zeit der Wandel von einem Arbeitsverhältnis zu einer Liebesbeziehung mit Gott war. Seitdem weiß ich, dass ich nichts für Gott tun muss, damit ich geliebt bin, und dass Gott auch in erster Linie mein Herz sucht und nicht meine Arbeit. Die Beziehung zu ihm ist viel wertvoller als die Werke; diese geschehen dann aus der Liebesbeziehung heraus. Wenn die Beziehung nicht stimmt, sind auch die Werke nicht gut.

In den folgenden Monaten haben mich meine Eltern und Geschwister sehr liebevoll getragen. Sie haben mich mit keiner unnötigen Frage verunsichert, sondern sie waren einfach da, und ich durfte schwach sein. Das war für mich eine neue Erfahrung.

Heilung des größten Schmerzes

In dieser Zeit erreichte mich ein Anruf von Paolos Mutter, die wegen einer Operation in einer Innsbrucker Klinik lag. Trotz des schrecklichen Erlebnisses mit ihrem Sohn freute ich mich sehr, denn ich mochte sie und ging gerne zu ihr, um wieder einmal mit ihr zu reden.

Während unserer Unterhaltung sagte sie: »Morgen kommt

Paolo zu mir!« Erschrocken antwortete ich: »Dann werde ich ganz bestimmt nicht da sein!«

Am nächsten Tag versuchte ich zu verdrängen, dass der Mann, der mir so viel Leid angetan hatte, in derselben Stadt war wie ich. Aber am Abend kamen mit einem Boten 50 langstielige rote Rosen. Mit dabei war ein Brief, in dem Paolo dringend um eine Unterredung bat. Nun traf mich der Schmerz von damals wieder mit ganzer Kraft, und ich wusste, dass ich in ein Gespräch einwilligen musste. Einerseits hatte ich große Angst vor der Begegnung, andererseits wusste ich auch, dass diese Wunde nur heilen konnte, wenn ich noch einmal zuließ, dass sie aufgemacht wurde. Seit zehn Jahren schleppte ich die schwere Last der Vergewaltigung nun schon mit mir herum, immer wieder träumte ich davon. Ich betete intensiv vor der Begegnung mit Paolo und bat Gott um seinen Schutz und seine Weisheit.

Als Paolo kam, war er aber aufgeregter und verzweifelter als ich. »Bitte, vergib mir, Maria, es tut mir so leid, was ich dir angetan habe. Ich möchte gerne heiraten, aber meine Schuld von damals lässt mich nicht los. Bitte, gib mich frei und verzeih mir!«

Während ich seine Stimme hörte, stand mir jede schreckliche Sekunde der Vergewaltigung wieder vor Augen. Ein Schauer lief mir den Rücken hinunter und der Schmerz brannte wie damals in jeder Faser meines Körpers. Ich schloss die Augen und versuchte zu beten, aber ich konnte keine Worte finden. Gerade, als ich glaubte, es nicht mehr aushalten zu können, sah ich wieder Jesus am Kreuz vor mir und verstand, dass er Paolo vergeben wollte, wie er mir vergeben hatte. Aber war ich auch dazu bereit?

Ich blickte in sein bittendes Gesicht und fasste den Entschluss, ihm zu vergeben – auch, wenn ich es noch nicht fühlen konnte. Ich wollte nicht mehr in diesen schrecklichen Erinnerungen gefangen sein und bat Gott um Kraft für diesen Schritt.

»Ich vergebe dir!«, sagte ich leise und merkte, wie die Worte in derselben Sekunde wahr wurden. »Ich vergebe dir!«, wiederholte ich lauter und sprach danach noch kurz mit Paolo. Als er ging, wusste ich, dass Jesus nun anfangen konnte, auch diesen tiefen Schmerz aus meiner Jugendzeit zu heilen.

Die nächsten drei Jahre verbrachte ich im Büro eines Steuerberaters, der ein lieber Freund meiner Familie war. Es war eine Zeit der inneren Ruhe und der Vorbereitung für das, was vor mir lag.

Mit 19 Jahren hatten meine Freundin Wera und ich den Herzenswunsch, ein Stipendium in den USA zu beantragen. Wir wurden abgelehnt, weil wir unsere Bewerbung drei Wochen nach Terminschluss eingereicht hatten.

Ich habe dann viele Jahre keine Bemühungen mehr unternommen, dorthin zu kommen.

4 Der Weg in die USA

»Geh in die USA!«

Die letzten Töne der Melodie waren verklungen und ich ließ die Hände sinken. Erwartungsvoll sah ich meinen Musiklehrer an. Er nickte. »Ganz wunderbar, Maria! Wir können gleich mit dem neuen Stück anfangen, wenn du willst.« Ich schob die Zither ein Stück zur Seite, um mir erst einmal in Ruhe die Noten anzuschauen. Ich war erstaunt, dass mir das Spielen auf dem Instrument schon wieder so leicht von der Hand ging, obwohl ich viele Jahre nicht geübt hatte. Es machte mir große Freude, immer schwierigere Stücke zu spielen, und so schlug ich neugierig das Notenheft auf. Auf einmal fragte mein Lehrer: »Möchtest du eigentlich einmal in die Vereinigten Staaten?« Ich lächelte zuversichtlich: »Eines Tages werde ich auf jeden Fall dorthin kommen, denn meine Schwester ist dort verheiratet.« »Schön, schön«, sagte mein Lehrer, »ich meinte aber eher, mit einer Tiroler Volksmusikgruppe.« Nun musste ich lachen. »Du machst Witze! Auch wenn ich schon ganz gut spiele, dafür reicht mein Können wohl noch lange nicht! Auf keinen Fall kann ich vor fremden Menschen auftreten!« »Nun gut, wie du meinst. Was hältst du davon, noch ein Jahr zu üben und dann als Zither-Spielerin mit der Gruppe hinüberzureisen? Ich werde dich nach besten Kräften dabei unterstützen.« Unsicher und noch gar nicht überzeugt, schob ich meine Arbeit und die Familie vor, mit der ich schließlich erst einmal alles klären musste.

Als ich meinem Chef ein paar Tage später erzählte, dass ich vielleicht die Gelegenheit hatte, mit einer Musikgruppe in die USA zu reisen, fragte er nur: »Wann wäre das?« Als er hörte, dass es wohl in einem Jahr so weit sein könnte, fand er die Idee gleich wunderbar und machte mir Mut zu gehen. »Wenn du dann nach den drei Monaten wieder zurückkommst«, versprach er, »werde ich dich in einer höheren Position wieder bei mir einstellen!« Ich war sprachlos und redete mit meinen Eltern über die Sache. Auch sie meinten, dass ich so eine Gelegenheit nie wieder bekäme und ermutigten mich zu gehen.

Bei geschlossenen Türen übte ich in den folgenden Monaten intensiv Zither, denn ich konnte mir immer noch nicht vorstellen, dass ich vor einem Publikum spielen würde! Allein schon beim Gedanken, dass mir fremde Menschen zuhören könnten, hatte ich Schweißausbrüche. Es kam dann schon so weit, dass ich nachts davon träumte und schweißgebadet erwachte.

Der Leiter, der mich mitnehmen wollte, war bereits mit einer anderen Gruppe auf einer USA-Tour, und ich verständigte ihn schließlich, dass er mich bitte von meinem Versprechen entbinden solle, da ich es nervlich nicht schaffen würde. Der Mann antwortete nie auf meinen Brief, und ich bemühte mich, die Sache zu vergessen. Wir sollten im Juli 1972 fliegen und im Mai schickte er mir einen Expressbrief: Ich sollte meine Unterlagen an die amerikanische Botschaft nach Wien schicken, damit sie an meinem Visa arbeiten konnten.

Ich hatte eine so große innere Blockade, dass ich nichts schickte, und Ende Juni wurde mir bewusst: Selbst wenn ich wollte, kann ich jetzt nicht mehr, ich habe diese Gelegenheit versäumt!

Doch am nächsten Tag kam von der amerikanischen Botschaft ein Expressbrief, ich solle sofort meinen Pass schicken, mein Visum sei fertig! Nun musste ich erst noch meinen Pass verlängern lassen und schickte ihn dann nach Wien. Kurze Zeit vor meinem Abflug hatte ich dann tatsächlich alle Papiere.

Reisen war für mich nichts Neues, und ich war schon daran gewöhnt, doch fiel mir der Abschied diesmal sehr schwer. Ich weinte und hatte den Eindruck, es würde ein langer Abschied. Meine Mutter war über meine Tränen verwundert, denn sie war so etwas nicht von mir gewohnt. Sie meinte, ich käme doch bald wieder. Ich ahnte aber, dass das nicht stimmte! So bin ich dann mit vier Männern in Tiroler Tracht in die USA geflogen.

»Bleib in den USA!«

Wir hatten dort in Gatlinburg, Tennessee, einem Touristenort am Eingang der Smoky Mountains, eine zweimonatige Tiroler-Volksmusik-Show, mit Jodeln und Schuhplatteln und natürlich viel Singen. Ich musste auch einige Zithermusikstücke solo spielen. Aber die Amerikaner strahlten so viel Liebe und Annahme aus, dass es mir leichtfiel, auch allein zu spielen. Wir führten Heimatlieder auf, die vielen Amerikanern das Gefühl gaben, dass sie mit ihren Wurzeln in Kontakt kamen.

Wir waren von einem Baptistenpastor eingeladen, der die Show für uns organisierte. Schon in den ersten Wochen in den USA bekam ich sehr stark den inneren Eindruck, dass ich bleiben sollte. Es war, als würde mein ganzes Inneres mit diesem einem Wort erfüllt sein – »Bleib!«

Meine erste Reaktion auf diesen Aufruf Gottes, in den USA zu bleiben, war: »Herr, du weißt ja, ich bin krank. Ich habe ein ganz schweres Knochenproblem, und man kann sich nicht erlauben, in den USA krank zu sein.« Ich hörte nur die Worte: »Ich werde dich heilen.« Das konnte ich mir schwer vorstellen, denn ich hatte seit frühester Jugend Osteoporose wie eine 90-jährige Frau. Ich musste in Österreich jedes Wochenende zu einem Spezialisten gehen, um die Arbeit während der Woche schaffen zu können. Aber, wenn Gott spricht, dann habe ich gelernt zu vertrauen, und ich sagte einfach: »Herr, ja, es wird spannend, wie du das machst.« Und es wurde tatsächlich spannend:

Einige Wochen später erwachte ich in der Nacht von einem sehr lebhaften, intensiven Traum. Ich sah mich wieder im Kindergarten mit der Erzieherin und den anderen Kindern und konnte sogar die Luft dort riechen. Meine Reaktion war: »Vater, warum muss ich von der Tante träumen, die mag ich ja nicht.« Der Herr sagte: »Genau deshalb.«

Ich glaube, ich war ein neurotisches Kind. Ich wollte nicht von den Jungen berührt werden. Genau deshalb haben sie mich immer wieder mit ihren Fingern berührt und gelacht, und ich habe geheult. Die Erzieherin, die wir »Tante« nannten, hat aber immer nur mit mir geschimpft und nicht mit den Jungen, was mir ein Gefühl großer Schutzlosigkeit gab. Ich kam jeden Tag heulend nach Hause, deshalb hat mich meine Mama nach nur drei Wochen im Kindergarten wieder herausgenommen.

Meine Reaktion zu diesem Traum war das Gebet: » Herr, ich weiß ja gar nicht, ob die Tante noch lebt und wie sie heißt.« Doch Gott sagte: »Vergib ihr.«

Zuerst fand ich das merkwürdig, es war so lange her und längst unwichtig in meinem Leben. Oder hatte ich mich getäuscht? Wenn es so unwichtig war, warum spürte ich dann den Schmerz noch genau wie damals und ebenso den Zorn auf die Erzieherin, die mich nicht vor den Jungen beschützte? Ich merkte, dass ich tiefer verletzt war, als ich glaubte. Schließlich habe ich die Worte ausgesprochen: »Ich vergebe dieser Tante, dass sie mich als Kind nicht beschützt hat.« Zu meinem Entsetzen hatte ich den Eindruck, dass sich in mir eine riesige Tonne öffnete, aus der dicke

Schlangen kamen. Ich hätte diese Erzieherin in dieser Stunde eigenmächtig umbringen können, wäre sie in meinem Zimmer gewesen. Ich hatte so viel verdrängten Hass in mir und bat Gott um Vergebung für diesen Mord, für diese Bitterkeit, diese Nicht-Vergebung, dieses Nachtragen, all das, was ich so viele Jahre mit mir herumgeschleppt hatte, ohne mir dessen bewusst zu sein.

Drei Wochen lang hatte ich immer wieder Träume von Menschen, von denen ich mich nicht beschützt und nicht so behandelt gefühlt hatte, wie ich es eigentlich gebraucht hätte. Jedes Mal erkannte ich, dass ich ihnen das immer noch nachtrug und dass *dies* das eigentliche Problem war, nicht ihr Verschulden. Es floss viel Vergebung und Versöhnung in diesen Nächten, in denen mir der Heilige Geist persönlich Seelsorge schenkte.

Nach diesen drei Wochen spürte ich plötzlich in meinem Rücken ein Rieseln und ein angenehmes Wirken, wie ich es von meinen Schwachstrombehandlungen gewohnt war, und ich sagte nur: »Herr, heilst du mich?« – »Ja.«

Er hat es getan und die Heilung hat bis heute gehalten. Obwohl mir damals vom Arzt prophezeit wurde, dass ich spätestens mit 40 Jahren im Rollstuhl sitzen würde, wenn ich so weitermachte. Jahre später hat Gott mir dann auch das Wort zu dieser Heilung gegeben. Psalm 32,1–5 (NLB):

Glücklich ist der, dessen Sünde vergeben ist und dessen Schuld zugedeckt ist. Glücklich ist der, dem der Herr die Sünden nicht anrechnet und der ein vorbildliches Leben führt! Als ich mich weigerte, meine Schuld zu bekennen, war ich schwach und elend, dass ich den ganzen Tag nur noch stöhnte und jammerte. Tag und Nacht bedrückte mich dein Zorn, meine Kraft vertrocknete wie Wasser in der Sommerhitze. Doch endlich gestand ich dir meine Sünde und gab es auf, sie zu verbergen. Ich sagte: »Ich will dem Herrn meine Auflehnung bekennen.« Und du hast mir vergeben und meine Schuld weggenommen!

Gott sei Dank für diese tiefe Heilung meiner Seele, meines Geistes und meines Körpers.

Auch während der Volksmusikvorstellungen kamen immer wieder Menschen auf mich zu und ermutigten mich, im Land zu bleiben. Es gingen viele Türen für mich auf und die stärkste Bestätigung erhielt ich auf folgende Art und Weise:

In meiner Jugend hatte ich viel Karl May gelesen und eigentlich habe ich die weißen Menschen verurteilt, die sich einfach in Amerika niedergelassen und die Indianer aus ihrem eigenen Land vertrieben hatten. Als ich diese Stimme hörte, die »Bleib!« sagte, war mir plötzlich bewusst, dass ich dann in gewisser Weise das Gleiche machen würde! Diese Angst in meinem Herzen kannte niemand, denn ich hatte sie noch niemandem mitgeteilt.

Eines Tages wurde ich von einem Pastor eingeladen, ihn zu den Cherokees in ein Indianerreservat zu begleiten. Dort machten wir einen Besuch im Hause eines Pastors, doch hatte ich keine Ahnung, dass er auch gleichzeitig der Häuptling war. Wir verbrachten einen sehr schönen Nachmittag, und ich erwähnte kein Wort über meinen Eindruck, dass ich in diesem Land bleiben sollte. Am Ende dieses Besuches stand er auf, küsste mich auf meine Stirn und sagte: »Ich will, dass du in diesem Land bleibst, du bist eine von uns.« Dies nahm mir die letzten Zweifel!

Als ich dann meinen Eltern schrieb, dass ich in den USA bleiben würde, waren sie nicht gerade glücklich über diese Entscheidung. Auch schrieb ich meinem alten Chef, dass ich von Gott gehört hätte, ich solle in den USA bleiben. Da bekam er sogar einen Herzinfarkt, was mich sehr erschütterte!

Meine Mitspieler reisten noch für ein Jahr in den gesamten Vereinigten Staaten herum, doch ich verließ die Tiroler Musikgruppe nach zwei Monaten und blieb in Gatlinburg.

Später suchte ich dort die katholische Kirche, die ich wie zu Hause besuchen wollte, doch ich fand sie damals nicht. Ich war verwirrt, denn ich stieß auf alle möglichen Kirchen wie Pfingstgemeinden, Baptistengemeinden, Methodisten, Nazarener und evangelische Gemeinden. Eine solche Vielfalt an Glaubensrichtungen kannte ich aus Tirol nicht. Ich entschloss mich dazu, jeden Sonntag in eine andere Kirche zu gehen, und war überrascht, was ich dort fand! Es stellte mein bisheriges Denken sehr infrage (ich sträubte mich immer gegen andere Glaubensrichtungen, da ich gelehrt worden war, nur die katholische Kirche sei die einzig richtige).

Ich habe noch nie bessere Predigten gehört als bei den Baptisten oder bessere Gemeinschaft erlebt als in der Mennonitenkirche oder die Gegenwart des Heiligen Geistes so stark gespürt wie in der Pfingstgemeinde. Ich bekam den Eindruck, dass jede dieser Konfessionen ihr Reich um eine besondere Offenbarung Gottes herumgebaut hat.

Einmal war ich in Florida und fühlte mich sehr einsam und allein. Ich lief in den Morgenstunden am Strand entlang und war sehr traurig und mutlos. Ich zweifelte, ob Gott überhaupt wusste, dass ich auf dieser Welt war. Mein Herz war voller Sehnsucht, etwas in dieser Welt zu bewirken. Aber ich hatte keine Hoffnung, dass das durch mich geschehen könnte. Ich sah die Delfine in dem großen Meer springen und ich sagte laut vor mich hin: »Kein Hund würde sich scheren, wenn ich heute in diesen Wellen verschwinden würde.«

Es waren keine fünf Minuten vergangen und ich wurde wild von einem Hund geleckt. Es war der schönste Straßenköter, den ich je gesehen habe! Ein Abgeordneter Gottes, der mir sagen sollte, dass Gott weiß, dass ich da bin, er meine Worte gehört hat und ich nicht im Recht bin. Es war ein wunderbarer Hund und ich habe den ganzen Tag mit ihm gespielt und war sehr dankbar für das Sprechen Gottes.

Erstes Zuhause in den USA

Ich habe mich dann entschieden, weiterhin meinen Sonntagsgottesdienst in der Baptistenkirche zu besuchen, bei deren Pastor ich von Anfang an gewohnt hatte. In diese Gemeinde ging auch das ältere Ehepaar O. T. und Ethelyn Collett, die mich einige Sonntage beobachtet hatten und eines Tages nach dem Gottesdienst auf mich zutraten. »Guten Morgen, Maria«, begrüßten sie mich. »Wir schauen schon seit ein paar Wochen immer wieder zu dir und haben auch für dich gebetet. Nun wollen wir dir sagen, dass wir den Eindruck haben, es wäre richtig, dich wie eine Tochter anzunehmen. Wir wollen dich immer lieben, ganz gleich, was wir von dir und deinem Leben erfahren!« Sprachlos schaute ich sie an. Es war unglaublich, wie Gott nun anfing, in meinem Leben zu handeln. Immer deutlicher merkte ich sein Eingreifen. Noch gestern Abend war ich mit der Sorge schlafen gegangen, dass ich hier im fremden Land nirgendwo hingehörte und kein richtiges Zuhause hatte. Nun standen diese beiden lieben Menschen vor mir und sagten mir ihre bedingungslose Liebe zu. Ich war so überwältigt, dass ich zu weinen begann. Schluchzend antwortete ich: »Aber das könnt ihr mir doch nicht antun! So eine große Liebe tut ja richtig weh!« Liebevoll schlossen sie mich in ihre Arme und Ethelyn versprach: »Du wirst jetzt lernen, bedingungslose Liebe zu empfangen!« Während wir beieinanderstanden, dachte ich an meinen Zusammenbruch im Kinderdorf und wusste, dass ich hier erfahren durfte, was ich damals zu verstehen begann: Fremde Menschen nahmen sich meiner an und waren für mich da, obwohl ich ihnen nichts dafür zurückgeben konnte.

O. T. und Ethelyn Collett wurden mir dann wirklich zu »geistlichen Eltern«, die mir halfen, Gott immer besser und persönlicher kennenzulernen. Sie halfen mir heraus aus dem Gedanken: »Ich bin, was ich tue« hinein in meine wirkliche Identität: »Ich bin, wer ich bin – in Jesus Christus!« So konnte ich noch mehr von meinem Arbeitsverhältnis mit Gott zu einem Liebesverhältnis durchbrechen. Ich durfte jederzeit mit meinen Herzensanliegen zu ihnen kommen und sie hörten mir zu und ließen mich »sein«.

Ich bekam dann eine Stelle in einem nahe gelegenen Motel, wo ich die Nachtschicht in der Rezeption von 23:30 Uhr nachts bis 7:30 Uhr morgens übernahm, und tagsüber hütete ich ein Baby von einem Jugendpastor der Baptisten, das (Gott sei Dank!) noch sehr viel schlief.

Inzwischen hatte ich um Verlängerung meines Visums angesucht. Ich hörte einige Wochen nichts, doch dann bekam ich von der Polizei einen Brief mit der Aufforderung, das Land in drei Wochen zu verlassen, da ich gegen das Gesetz verstoßen hätte! Ich war mir keiner Schuld bewusst, aber die Erklärung war, dass ich die Gruppe verlassen hatte. Mein Visum war aber für die drei Monate an die Gruppe gebunden.

Ich ging gerade total überrascht mit diesem Brief von der Post nach Hause, als ich eine liebe Freundin auf dem Weg traf, die mich dann in Kontakt zu ihrem Verwandten brachte, der Richter war. Dieser hat mir nach einigen Telefonanrufen das Visum für weitere drei Monate verlängert und ich beantragte schließlich ei-

O. T. und Ethelyn Collett, meine »Eltern« in den USA

ne Daueraufenthaltsgenehmigung. Doch während dieser Wartezeit hatte ich keine Arbeitsgenehmigung und durfte deshalb keiner bezahlten Beschäftigung nachgehen. So nahm ich die Gelegenheit wahr, 1972 mit einigen Freunden zu einer großen Evangelisation nach Dallas, Texas, mit Billy Graham zu reisen.

Auf dieser Evangelisation wurde ich mit der Frage konfrontiert, wovor ich am meisten Angst hätte, wenn ich mich 100%ig Gott auslieferte. Eigentlich dachte ich, dass ich das bereits getan hätte. So viel hatte ich schon gelernt und ich vertraute Gottes Führung in meinem Leben immer mehr. Aber als ich an diesem Abend in der Reihe saß und den Kopf zum Beten senkte, wusste ich: Meine Angst war, dass ich Nonne werden müsste! Trotzdem begriff ich im selben Augenblick, dass Gott mich mehr liebt, als ich mich liebe. Sollte er mich wirklich als Nonne berufen, wäre das also das Beste für mich. So wagte ich es, mein Leben bedingungslos Gott zu schenken, auch wenn es bedeuten sollte, dass ich ins Kloster gehen müsste. Voller Spannung betete ich also, aber zunächst geschah scheinbar nichts von Bedeutung. In der Rückschau sah ich später, dass Gott mich von diesem Tag an mehr und mehr segnete und mir Gebete erhörte, bevor ich sie ausgesprochen hatte.

Ich wusste auch nicht, was ich während der Wartezeit machen sollte. Von einer Freundin bekam ich dann die Einladung, zu deren Großeltern auf einen großen Gutshof zu fahren, und reiste wenig später dorthin.

Der Glaube reift in den USA

Liebevoll wurde ich von Mr und Mrs Walker empfangen, dem älteren Ehepaar, dem ich nun Gesellschaft leistete. Ich begann, für ihre Enkelkinder zu stricken und zu nähen, was große Freude auslöste.

Gleichzeitig spürte ich in dieser Zeit ein großes Verlangen, das Wort Gottes, die Bibel kennenzulernen, da es doch das wichtigste

Buch für uns Christen ist. Ich fing an, die Bibel zu lesen, und war wie ein trockener Schwamm. Ich las stundenlang und war so erfüllt von dem, was sich mir zeigte! Ich kam von einer Offenbarung und Erkenntnis zur anderen und konnte dieses Buch nicht mehr aus den Händen legen.

Auch besuchte ich immer wieder Gebetsgruppen und war von der innigen Beziehung der Amerikaner fasziniert, die mit Gott so frei sprechen konnten. Sie halfen auch mir in ein Leben mit einem einfachen, kindlichen Glauben durchzubrechen. Darüber bin ich sehr dankbar.

Bei der Familie Walker in Maryville lebte ich fast ein Jahr sehr glücklich, aber von den Behörden hörte ich nichts wegen meiner Aufenthaltsgenehmigung. Eines Tages waren meine Ersparnisse bis auf einen einzigen Dollar aufgebraucht!

An diesem Tag hielt ich inne und sagte zu Gott: »Es tut sich nichts, habe ich dich nicht richtig gehört? War es wirklich deine Stimme, die mir sagte, ich soll bleiben? Diese Erfahrung passt damit nicht zusammen. Ich glaube, ich habe mich verhört und werde morgen meine Eltern anrufen und sie bitten, mir Geld zu schicken, um zurückzufliegen«.

Ich weinte die ganze Nacht, denn ich fühlte mich das erste Mal auf diesem Kontinent wohl, bei den Menschen, die die Freiheit hatten, mich »sein« zu lassen, und mich nicht in einen Rahmen pressten. Am Morgen erwachte ich und wollte anrufen, doch genau da war meine Aufenthaltsgenehmigung sowie meine Arbeitsgenehmigung im Postkasten! Ich war so überrascht, dass ich schon fast beleidigt war, weil Gott mich durch so eine Nacht hindurchgehen ließ. Ich verstand dies als klare Bestätigung. Es war wirklich Gottes Wille, dass ich in Amerika blieb. Familie Walker ließ mich gehen (eine innige Freundschaft hat mich bis zu ihrem Lebensende mit ihnen verbunden) und ich bin wieder zurück nach Gatlinburg gefahren.

Damals fand ich auch einen Ort, um mit Gott alleine zu sein. Es war ein großer Fels in einem Bergfluss im Nationalpark. Der Fluss war so tosend, dass ich dort laut beten und laut singend meine Gitarre spielen konnte. Auf diesen Stein zog ich mich des Öfteren zurück.

Eines Tages saß ich dort und schrie zum Herrn: »Weißt du überhaupt, dass ich auf dieser Erde bin und dass es mich gibt? Hast du Pläne für mich?« Ich hörte in meinem Herzen Jesaja 60,1-5.

Mache Dich auf, werde licht; denn dein Licht kommt, und die Herrlichkeit des Herrn geht auf über dir! Denn siehe, Finsternis bedeckt das Erdreich und Dunkel die Völker; aber über dir geht auf der HERR, und seine Herrlichkeit erscheint über dir. Und die Heiden werden zu deinem Lichte ziehen und die Könige zum Glanz, der über dir aufgeht. Hebe deine Augen auf und sieh umher: Diese alle sind versammelt und kommen zu dir. Deine Söhne werden von ferne kommen und deine Töchter auf dem Arme hergetragen werden. Dann wirst du deine Lust sehen und vor Freude strahlen, und dein Herz wird erbeben und weit werden, wenn sich die Schätze der Völker am Meer zu dir kehren und der Reichtum der Völker zu dir kommt.

Als ich diese Worte las, musste ich lachen, denn es war einfach undenkbar, wie mir so etwas widerfahren sollte. Ich schrieb aber das Datum dazu und ließ es auf sich beruhen.

In Gatlinburg bekam ich ein wunderschönes Haus, das sich ein Pastor eigentlich für seine Pensionierung gebaut hatte. Dieses Haus hatte 4 Schlafzimmer, ein großes Wohnzimmer, ein Esszimmer und zwei Bäder. Ich konnte bei meinem alten Chef im Motel arbeiten.

So war ich voller Lebensfreude und voller Erwartungen

5 Ein großes Haus

Die »Hochschule im Heiligen Geist«

»Guten Morgen, Maria! Wie schön, dich zu sehen!« Mein Chef begrüßte mich mit seiner charmanten Verführerstimme und strich mir dabei sanft über den Arm. Er versperrte mir den Weg zum Umkleideraum und sah mir herausfordernd in die Augen. Das Oberhemd so weit geöffnet, dass man seine Brusthaare sehen konnte, und ein Bein lässig nach vorne gestellt, wartete er ab, was ich tun würde. Mir lief ein kalter Schauer über den Rücken. Dieser Mann ließ keine Chance ungenutzt, mir und den anderen weiblichen Bediensteten nachzustellen. Wenn ich mich jetzt an ihm vorbeiquetschte, würde er seine Hände wie zufällig über meinen Oberkörper oder das Gesäß streichen lassen, und allein der Gedanke daran ließ den Ekel in mir aufsteigen. Die Freude würde ich ihm nicht machen. »Guten Morgen!«, antwortete ich deshalb. »Ich werde zuerst die Wäschekörbe hinunter in den Keller bringen.« Damit machte ich auf dem Absatz kehrt und atmete auf. Das würde mir Zeit verschaffen, wenn ich zurückkam, hatte er sich vielleicht schon anderen Dingen – oder Frauen – zugewandt. Ich wollte schon frohlockend über meine gelungene Flucht im Treppenhaus verschwinden, als er mich zurückrief. Seine Stimme klang nun ärgerlich. »Wie du meinst, Maria. Morgen hast du wieder den Frühdienst, Donna ist krank geworden.« Enttäuscht antwortete ich: »Aber morgen ist Sonntag! Ich habe schon sechs Wochen hintereinander sonntags im Frühdienst gearbeitet. »Kann nicht Luisa diese Schicht übernehmen?« Er grinste gehässig. »Auf keinen Fall, Schätzchen. Du wirst schon nicht gleich in der Hölle landen, nur weil du ein paar Mal nicht in der Kirche warst. Ich erwarte dich also hier um 7.30 Uhr.« Damit ließ er mich stehen, und ich versuchte, meinen Ärger gleich in ein Gebet zu verpacken, bevor ich vor Wut platzte. »Wie lange soll ich das noch mitmachen, Herr? Er lässt mich mit Absicht sonntags arbeiten, weil er weiß, dass ich Christ bin! Er ist stadtbekannt für seine miesen Arbeitgeber-Allüren und lässt keine Gelegenheit aus, mich und die anderen Frauen zu belästigen. Es ist schrecklich! Warum tust du nichts und greifst nicht ein, bevor er noch alles Schlechte aus mir herausbringt? Eben wäre ich ihm schon fast vor Wut an die Kehle gesprungen!«

Ärgerlich stopfte ich die Wäsche in die Körbe und stellte sie unsanft vor den Maschinen ab. Tränen der Wut flossen mir aus den Augen und ich stampfte mit lauten Schritten die Treppe wieder hoch. Während ich noch darüber nachdachte, ob ich mich diesem Tyrann von Chef wirklich tagtäglich aussetzen musste, hörte ich auch schon Gottes Antwort in meinem Herzen: »Diesen Mann habe ich für dich zur Heilung in dein Leben gebracht, Maria. Das kannst du jetzt noch nicht verstehen, aber vertrau mir! Er kann nichts aus dir herausbringen, was nicht schon in dir ist. Du wirst erfahren, was wirklich in deinem Herzen ist! Bleibe so lange, bis du ihn wirklich von Herzen lieben und annehmen kannst, denn ich tue das schon lange!« Immer noch wütend knallte ich die Kellertür zu. »Dann muss ich wohl bis zur Rente hierbleiben!«, schimpfte ich. Ich wollte ein liebesfähiger Mensch werden, doch nicht um diesen Preis.

Mein Chef war ein Mann, der die Liebe Gottes noch nicht erkannt hatte, und deshalb überall nach Liebe suchte. Er war dabei noch sehr charmant, reich und in seinen Verführungskünsten äußerst kreativ. An einem dieser Sonntage ohne Gottesdienst, aber voller Arbeit, hatte ich eine meiner schönsten Erfahrungen im Leben.

Ich wollte in einem Zimmer etwas abgeben, doch auf dem Weg dorthin trat mir ein Mann in den Weg und schaute mir direkt in die Augen. Er selbst hatte wunderschöne braune, weiche und doch sehr durchdringende Augen und sagte mit großer Zuversicht: »Sie werden noch so viel Freude im Leben erfahren, dass sie es kaum ertragen können!« Überrascht sagte ich: »Danke«, und machte einige Schritte, als ich erst begriff, was er gesagt hatte. Eilig drehte ich mich wieder um und suchte den Mann, doch er war verschwunden! Ich bin bis heute überzeugt, dass es ein Engel Gottes war und seine Worte haben sich in den letzten Jahren immer wieder bestätigt.

Als ich endlich bekannte, dass ich meinen Chef nicht lieben kann, und ehrlich wurde, hat Gott mir gesagt: »Du kannst es nicht, aber wer lebt in dir?« Die Offenbarung traf direkt in mein Herz: Ja, Christus in mir hat selbst die geliebt und ihnen vergeben, die ihn ans Kreuz geschlagen haben! Als ich anfing, mich auf diese Liebe zu verlassen und zu vertrauen, dass Gott mich für diese Liebe freisetzt, konnte ich Stück für Stück spüren, wie ich meinen Chef mit der Liebe Gottes kennen und lieben lernte!

Ich arbeitete bereits seit sieben Jahren im Motel, als mein Vater und meine Schwester aus Österreich zu Besuch kamen. Überglücklich bat ich um einige Wochen Urlaub, doch der Chef wollte ihn mir nicht gewähren. So kündigte ich kurz entschlossen, um Zeit für meinen Vater zu haben, und fand dann Arbeit als Leiterin einer christlichen Buchhandlung.

Zwei Jahre später aber hatte ich den Eindruck, dass ich noch einmal zurück ins Motel gehen sollte, um dort wieder bei meinem alten Chef zu arbeiten. Ich tat es und durfte dann sogar erleben, wie mein Chef sein Leben Jesus Christus übergab und sich danach vollkommen veränderte. Es war wunderbar zu sehen, was Gottes Liebe aus einem Menschen machen kann!

Wenn ich zurückblicke, haben die 15 Jahre in den USA mein Leben am stärksten verändert. Ich nenne sie meine »Hochschule im Heiligen Geist«. Dort bekommt man nur Einzelunterricht und man kann auch bei den Prüfungen nicht durchfallen. Man darf nur wiederholen, bis man es versteht und bis sich die Herzensgesinnung verändert hat.

Ich glaube,
dass Gott aus allem, auch aus dem Bösesten,
Gutes erstehen lassen kann und will.
Dafür braucht er Menschen,
die sich alle Dinge zum Besten dienen lassen.

Ich glaube,
dass Gott in jeder Notlage so viel Widerstandskraft
geben will, wie wir brauchen.
Aber er gibt sie nicht im Voraus, damit wir uns nicht
auf uns selbst, sondern allein auf ihn verlassen.
In solchem Glauben müsste alle Angst vor der Zukunft
überwunden sein.

Ich glaube,
dass auch unsere Fehler und Irrtümer nicht vergeblich sind
und dass es Gott nicht schwerer ist,
mit ihnen fertigzuwerden,
als mit unseren Guttaten.

Ich glaube,
dass Gott kein zeitloses Schicksal ist,
sondern dass er auf aufrichtige Gebete und
verantwortliche Taten wartet und antwortet.

Dietrich Bonhoeffer

Die Taufe

Nervös schlich ich um den See herum und beobachtete die vielen
Hundert Menschen, die fortwährend zum Wasser strömten. Wir
waren alle auf einer großen Konferenz in Kentucky gewesen und
hatten die beeindruckenden und lebensverändernden Worte der
Prediger dort gehört. Wieder einmal hatte ich Mut gewonnen,
mein Leben bei Jesus ganz fest zu verankern und wirklich nur
aus seiner Kraft heraus zu handeln.

Aber zum Schluss hatte der Redner aufgerufen, den Entschluss,
mit Jesus zu leben, durch die Glaubenstaufe festzumachen. War
ich bis dahin auch begeistert von der klaren biblischen Botschaft
gewesen, so sank ich innerlich an dieser Stelle doch enttäuscht zu
Boden. Ich war erschüttert. Sollte das etwa wieder ein Versuch
sein, die eigene Konfession zu bestärken und neue Mitglieder zu
gewinnen, in dem man durch eine Taufe der Gemeinde beitrat?
Nach meiner Ankunft in den USA hatte ich ja viele Kirchen besucht und manchmal den Eindruck gewonnen, dass es in einigen
Gemeinden tatsächlich um diese Mitgliederwerbung ging. Das
wollte ich aber auf keinen Fall. Ich gehöre zu Jesus Christus und
nicht zu einer irdischen Konfession, das wusste ich genau.

Trotzdem hatte mich der Aufruf zur Taufe seltsam berührt, und
ich entschloss mich, mir die Zeremonien aus der Nähe anzusehen.
Ich näherte mich dem Ufer und ging dort hin und her. Die Worte
bei der Taufe konnte ich gut verstehen: »Ich taufe dich in den Tod
und die Auferstehung Jesu Christi, im Namen des Vaters und des

Sohnes und des Heiligen Geistes!«, rief der Prediger laut und tauchte die Menschen dann ganz im See unter.

Die Leute am Ufer und im Wasser jubelten und freuten sich über dieses äußere Zeichen der Umkehr. Ich wurde aber immer nervöser, während ich wieder und wieder hörte, wie den Menschen der Tod und die Auferstehung Christi zugesprochen wurden. »Das hast du nicht, Maria Luise!«, flüsterte ich mir selbst zu. »Du bist nur auf den Namen ›Maria Luise‹ getauft. Du brauchst diese Zusage und die Taufe auch!« So ging ich auf und ab, bis ich es schließlich nicht mehr aushalten konnte. Ich hatte keinerlei Sachen zum Wechseln mit, aber das war mir jetzt egal.

Es war ein schöner Sommertag, und inzwischen hatte ich das Gefühl, dass mich alles in mir zu dieser Taufe drängte. Also blieb ich bei den Wartenden stehen, die immer wieder in Freudenjubel ausbrachen, und ehe ich mich versah, ging ich die ersten Schritte ins Wasser. Es war kühl, und bald kribbelten meine Knie, aber ich war sicher, dass das eher von der Aufregung kam. Als ich schließlich beim Prediger angekommen war, wusste ich genau, dass ich das Richtige tat. Fest und entschlossen antwortete ich auf alle seine Fragen, denn ich wollte nichts lieber als mit Jesus sterben und wiederauferstehen, damit ein neues Leben nur aus seiner Kraft beginnen konnte.

So wurde ich getauft und fuhr eine Stunde später nass, aber glücklich und befreit nach Hause. Mein Herz jubelte, denn ich hatte den Eindruck, dass mit diesem äußeren Zeichen auch innerlich ein ganz neues Leben für mich anfangen würde. Unter der heißen Dusche zu Hause erinnerte ich mich an ein Erlebnis meiner Jugendzeit, das mich seither immer wieder beschäftigt hatte.

Das Geheimnis des Schmetterlings

Damals machte ich wie so oft einen Spaziergang in der freien Natur und wollte dort auf Gott hören und Antworten auf meine Fragen bekommen. Nachdem ich lange gelaufen war, setzte ich mich auf einen Baumstamm tief in einem Wald. Da kam mir eine riesige, fette Raupe entgegen. Sie war schön anzuschauen, und ich begann, mit Gott über das Tier zu sprechen: »Herr, ich mag dieses Vieh nicht! Sie hat einen widerlichen Charakter: Sie will nur alles konsumieren und fressen – selbst dick und fett werden!« Ich betrachtete das krabbelnde Tier eine Weile und dachte über die Raupe nach. Ich wusste ja, dass schon alles zur Entwicklung eines wunderschönen Schmetterlings in ihr angelegt war, trotzdem konnte ich sie nur als das egozentrische Wesen sehen, das sie im Moment noch war. In den Monaten nach diesem Spaziergang musste ich noch oft an das Bild dieses Tieres denken. So wurde mir klar, dass die Geschichte noch weitergeht:

Jeden Tag frisst die Raupe alles, was sie bekommen kann. Mit dem Bedürfnis, dick und fett zu werden, erwacht sie bereits. Sie lebt nach dem Prinzip: »Ich, mich, meiner, mir – Herr, segne doch uns vier!« Eines Morgens wacht sie auf und frisst Blätter, doch sie schmecken ihr überhaupt nicht mehr. Nach einigen Tagen gibt sie auf. Das Leben ist nicht mehr lebenswert und sie hängt sich an einen Faden. Dann fängt sie an zu spinnen. Es wird immer enger und dunkler, und sie spinnt, solange sie noch irgendwie die Energie dazu aufbringen kann. Dann kommt der Moment, in dem sie endlich zur Ruhe kommt.

Es hat sich nichts an ihren Umständen geändert, aber sie ist ruhig geworden. Sie weiß jetzt nicht mehr, wo oben oder unten ist, hinten oder vorne. Sie weiß nur, ihr Leben hängt an einem Faden. Nach einiger Zeit bekommt sie nur ein Bedürfnis: Sie will heraus. So bricht sie durch ihren Kokon und ist zu ihrer großen Überraschung ein Schmetterling.

Ich kannte das Wort Gottes, aus 2. Korinther 5,17: *Und siehe, ist jemand in Christus, so ist er eine neue Kreatur geworden!* Ich sehnte mich viele Jahre lang nach diesem Neuen und wusste nur nicht, wie ich dort hinkommen konnte.

Nun spürte ich genau, dass ich dabei war, dieses größte und

beste Geheimnis zu entdecken. Gott selbst schenkte mir nun immer mehr von der Erkenntnis, dass ich durch den Tod und die Auferstehung Jesu wirklich ein neues Leben beginnen konnte. Alles, was wir haben, haben wir von Gott empfangen, jeden Gedanken, jede gute Tat, jeden Herzschlag. Alles kommt von Gott und wir erhalten es als Geschenk seiner Gnade.

Ich begann zu verstehen: Es gibt keinen Unterschied. Nicht mehr ich lebe, sondern Christus durch mich. Ich muss nicht mehr versuchen, so zu leben, wie Jesus gelebt hat, sondern er lebt ja in mir! *Christus in euch, die Hoffnung auf Herrlichkeit* (Kolosser 1,27).

Tag für Tag entdeckte ich nun in der Heiligen Schrift, dass ich für alles, jede noch so kleine oder große Tat, die Gnade Gottes brauchte. Ich musste einfach darin ruhen, dass er treu ist, und keine religiösen Taten mehr tun.

Die »Ströme lebendigen Wassers«, von denen Jesus spricht, wurden Wirklichkeit, weil ich mich nur noch auf dieses Geheimnis verließ.

Ein Haus voller Segen

Damals wunderte ich mich, dass Gott mir in Gatlinburg so ein großes Haus geschenkt hatte, doch er sagte nur: »Ich werde es füllen!« Durch die Zeiten, die ich mit dem Lesen der Bibel verbrachte, war es mir wichtig geworden, einen Gebetskreis in meinem Haus anzufangen.

Nach einigen Wochen kamen zu diesem Gebetskreis sieben Mädchen mit riesigen Rucksäcken und Schlafsäcken. Am Ende gab es immer ein gutes Essen, worüber die jungen Frauen sehr glücklich waren. Keine von ihnen machte Anstalten, nach Hause zu gehen. Als ich gegen Mitternacht fragte, wo sie schliefen, meinten sie: »im Wald«. Ich war darüber entsetzt und betete: »Herr, sie schlafen im Wald!« Daraufhin ahnte ich schon, was Gott antworten würde, und fragte ihn: »Willst du, dass sie bei mir schlafen?« Ich fragte die Mädchen und sie waren alle begeistert.

Nun fing meine intensive »Striptease-Zeit« an: Diese Mädchen haben mich gelehrt, zutiefst echt zu werden, sie haben alles durchschaut, was nicht Wahrheit oder Liebe war. Ich konnte sie in keiner Weise manipulieren und sie haben mich in meiner Beziehungs- und Liebesfähigkeit sehr gefordert.

Alle waren Aussteigerinnen aus der Gesellschaft und manche von ihnen lebten schon längere Zeit auf der Straße. Sie wohnten unter Brücken oder im Wald. Keine kam aus einem schlechten Zuhause, aber alle waren sie in Familien aufgewachsen, in denen wenig Liebe geherrscht hatte und viel Materialismus. Sie alle hatten Erfahrungen mit Drogen gemacht und sich auch mit Okkultem beschäftigt. Für mich begann eine Zeit, die mich in jeder Weise »streckte«. Diese Mädchen glaubten, dass der Tag zum Schlafen sei und die Nacht zum Leben! Alles ging nur nach ihren »Lust-Zeit-Plan«.

Aber alle waren bereit, ihr Leben mit Gott neu zu beginnen, und wollten ihre Berufung finden, für die sie in diese Welt geboren waren. Meine Regeln im Haus waren: Türen werden nicht verschlossen, man kann jederzeit kommen und gehen, darf aber keinen Kontakt zu alten Freunden haben, Drogen, Alkohol und Rockmusik sind verboten. Dafür gab es gute Lobpreismusik, neue Freunde und gesundes Essen.

Es war in der Zeit, als ich das christliche Buchgeschäft leitete, und mir war klar, dass das Denken dieser Mädchen so verdorben und negativ besetzt war, dass es hier eine regelrechte »Gehirnwäsche« brauchte. Gottes gute Gedanken sollten in ihr Leben fließen und seine Liebe sollte sie reich machen.

Da ich viele Bücher aus meinem Buchgeschäft lesen sollte, um für Verkaufszwecke darüber Bescheid zu wissen, nahm ich diese Mädchen jeden Tag mit in meinen Laden, setzte sie in eine gemütliche Ecke und drückte ihnen ein Buch in die Hand, das sie lesen sollten. Abends ließ ich mir dann den Inhalt von ihnen erzählen.

Dies war ein Gewinn für sie und für mich! Ich konnte ihnen auf diese Weise wichtige Wahrheiten der Bibel nahebringen und sie veränderten sich vor meinen Augen. Über die nächsten Monate und Jahre haben sie zu einem Leben mit Gott gefunden, der sie reich segnete und ihnen half, ihre Gaben zu entdecken und einzusetzen.

Es gab aber auch viele Situationen in dieser Zeit, die nicht leicht waren. Besonders durch die okkulte Belastung dieser Mädchen spürte ich, dass ich mit meiner bisherigen geistlichen Erfahrung keinen Zugang bekam und zu wenig Kraft und Autorität hatte, ihnen zu helfen. Ich schrie zu Gott. Schon oft hatte ich seine Hilfe erfahren, und nach vielen eigenen Erlebnissen war seine unsichtbare Welt meine Wirklichkeit geworden. Die Mädchen dagegen hatten sich in ihren Leben durch Kontakte zu satanistischen Gruppen und das Ausprobieren von allerlei okkulten Praktiken einer unsichtbaren Welt geöffnet, die mir bisher verborgen geblieben war.

Nachdem sie ein paar Wochen bei mir gewohnt hatten, wirkten sich diese früheren Kontakte auf haarsträubende Weise aus, und mir wurde klar, dass der Gegenspieler Gottes sie nicht so leicht aus seinen Händen geben würde. Ich merkte die Anwesenheit von unsichtbaren Mächten nun immer stärker, denn plötzlich begann es tatsächlich in meinem Haus zu »spuken«. Auf einmal kippten Gegenstände um, wir hörten es rascheln und knacken, wo niemand war, und Bücher flogen durch die Luft. Es wurde immer unheimlicher und schließlich hatten wir eines Nachts ein beängstigendes Erlebnis.

Ich schlief bereits tief, als ich plötzlich von heißem Atem in meinem Gesicht geweckt wurde und vor meinen geschlossenen Augen das Bild eines der Mädchen erschien, das mit einem großen Küchenmesser in den Händen über mir stand und mich erstechen wollte. Es war Sophie. Der Atem machte mir Angst und das Bild war mir so deutlich vor Augen, dass ich es nicht wagte, sie zu öffnen. Ich betete: »Himmlischer Vater, wenn das der Weg ist, auf dem sie zu dir finden und deine Liebe erfahren kann, dann bin ich bereit zu sterben. Ja, ich will mich von Sophie erstechen lassen, wenn sie dann zu dir finden kann!« Inzwischen hatte ich die Mädchen so lieb gewonnen, dass ich sogar mein Leben für sie geopfert hätte. In derselben Sekunde jedoch verschwand das Bild vor meinen Augen, und ich wusste schlagartig, dass diese Vision nicht von Gott gekommen war. Er würde meinen Tod nicht wollen, um die Mädchen zu retten. Ich öffnete die Augen und niemand war da.

Unruhig warf ich mir meinen Morgenmantel über und schlich auf leisen Sohlen in Sophies Zimmer. Dort saß sie zitternd und weinend auf ihrem Bett und wiederholte immer wieder: »Ich will es nicht tun!« Beruhigend legte ich meinen Arm um sie. »Du musst gar nichts tun!«, sagte ich. Ich fragte nicht mehr viel, sondern betete mit ihr und bat Gott um Ruhe und seine Gegenwart. Laut sprach ich aus, dass Jesus Christus in meinem Haus der Herr ist und sein Blut uns vor allem Bösen schützt. Wenig später schlief Sophie wieder ein und ich ging in mein Zimmer zurück.

Am nächsten Morgen fragte ich das Mädchen, was sie denn nicht hatte tun wollen. Sie war erstaunt, dass wir es nicht alle gehört hatten: Eine laute Stimme hatte immer wieder von ihr gefordert, dass sie das große Küchenmesser nimmt und mich in dieser Nacht damit ersticht. Nach diesem Erlebnis war mir klar, dass wir dringend Hilfe brauchten.

An einem Samstagabend kam kurz vor Ladenschluss ein Ehepaar in mein Buchgeschäft und sagte zu mir: »Wir kommen gerade von einer christlichen Konferenz in Ashville auf der anderen Seite des Berges, und der Herr hat uns gezeigt, dass wir nach Gatlinburg kommen sollen, da er hier noch Arbeit für uns hat!«

Ich fragte, was ihr Dienst sei, und sie sagten, sie hälfen Menschen, die unter okkulten Belastungen litten. Ich jubelte und versicherte ihnen, dass Gott hier Arbeit für sie habe: meine sieben Mädchen, die alle aus der Drogenszene kämen und mit denen ich selbst am Ende meiner Weisheit sei.

Sie empfahlen mir zuerst, den Mädchen die Bedeutung von

Vergebung klarzumachen. Das bedeutete, sie sollten allen Menschen, mit denen sie Konflikte hatten, vergeben. Eine große Herausforderung für sie, denn die Rebellion gegen die Gesellschaft, gegen alles, was nach Autorität roch, war sehr groß.

Nach einer Woche Fasten und Gebet waren wir aber dann doch so weit und ich brachte das erste Mädchen zu ihnen. Für mich war es auch das erste Mal, bei einem solchen Befreiungsdienst dabei zu sein. Es war neu für mich, dass sich durch die Kraft des Heiligen Geistes die dunklen Mächte offenbaren müssen.

Ich war schockiert über das, was ich sah und erkannte gleichzeitig: »Das ist es! Das brauche ich, um Menschen zu helfen!« Wir sehen in der Apostelgeschichte, wie die Jünger Jesu mit Autorität und Vollmacht Mächten der Finsternis geboten, aus den Herzen der Menschen zu weichen, und diese es auch taten. Es war den Jüngern allerdings erst möglich, als sie völlig mit dem Heiligen Geist erfüllt wurden. Diese Erfahrung hatte ich zu diesem Zeitpunkt noch nicht.

Am folgenden Sonntag ging ich mit diesem Ehepaar in ihren Gottesdienst und es wurde für mich gebetet. Ich wurde mit dem Heiligen Geist erfüllt, der uns für den Dienst im Reich Gottes be-

Foto von Nan, einem der Mädchen, nach ihrer Heilung

vollmächtigt. Er gibt uns im Namen Jesu Christi die Autorität, über die Mächte der Finsternis zu herrschen.

Von diesem Tag an gewann mein Leben eine neue Dimension dazu. Das Wort Gottes hatte für mich eine neue Tiefe. Der Heilige Geist zeigte mir immer wieder, was die Ursache hinter bestimmten Dingen war und ob sie aus einer guten oder schlechten Motivation heraus geschahen. Vieles von dem, was mir vorher verborgen gewesen war, konnte ich nun wahrnehmen und erkennen. Ich sah, dass es neben unserer sichtbaren Welt auch eine unsichtbare gibt, die wir als Christen nicht unterschätzen dürfen.

Die Mädchen wurden von den Drogen frei, und zwar ohne dabei irgendwelche Medikamente zu nehmen. Alle sind wieder in die Gesellschaft zurückgekehrt und haben sich als »ordentliche Bürger« in den amerikanischen Staat eingegliedert. Sie wussten, dass Jesus Christus ihnen ein neues Leben schenkte, in dem sie geliebt und angenommen waren.

Inspiriertes Gebet
Für mich selbst oder als Fürbitte, nach Epheser 1,17-21.

O Gott, unseres Herrn Jesus Christus, Vater der Herrlichkeit,
schenke mir den Geist der Weisheit und Offenbarung,
damit ich dich und deinen Willen klar erkennen kann.
Erleuchte mir die Augen des Herzens,
damit ich weiß, was die Hoffnung deiner Berufung für mich ist,
damit ich weiß, was der Reichtum der Herrlichkeit deines Erbes,
in mir, dem Geheiligten in Christus, ist, und
damit ich weiß, was die überschwängliche Größe deiner Kraft
an mir, dem Glaubenden, ist,
nach der Wirksamkeit der Macht deiner Stärke,

die du hast wirken lassen, indem du Jesus von den Toten
auferweckt und auf den Thron zu deiner Rechten im Himmel
gesetzt hast.
Hoch über jede Gewalt und Macht und Kraft und Herrschaft
und hoch über jeden Namen:
damals, heute und in alle Ewigkeit!

AMEN

Eine der großen Lektionen, die ich in dieser Zeit lernte, war es auch zu geben, bis es weh tut. In Österreich konnte ich mich über die Kirchensteuer richtig ereifern und war ungehalten, dass mir vorgeschrieben wurde, was ich zu zahlen hatte. Ich war dankbar, dass ich dieser Kirchensteuer in den USA entfliehen konnte.

6 Erst zehn, dann hundert Prozent

Zehn Prozent für Gott

Es war 1972, in Gatlinburg, ich stand vor Vanessas riesigem Kleiderschrank und konnte meinen Mund vor Staunen nicht mehr schließen. Vorsichtig ließ ich meine Hände über all die kostbaren Stoffe und edlen Kleider gleiten. Sogar die einfachsten Modelle sahen noch aus, als wären sie für eine Königin geschneidert worden. Schließlich sagte ich stockend: »Aber, Vanessa, das ist doch zu viel, das kann ich nicht annehmen. All diese wundervollen Kleider ...«

Meine neue Freundin winkte ab und legte mit einem Schwung einen Stapel der Sachen auf das Bett. »Ich habe dir doch gesagt, dass ich die Modelle nicht mehr tragen kann. Ich hatte sie bestimmt schon drei Mal an und in meiner edlen Boutique achten die Kundinnen sehr genau auf so etwas. Diese hier sind deshalb alle aussortiert, dir müssten sie aber passen, wir haben doch ungefähr die gleiche Figur!«

Ich betrachtete die große Auswahl an Kleidern und beschloss, diese Geschenke dankbar aus Gottes Hand zu nehmen. Vanessa war reich genug, um es sich leisten zu können, und Gott hatte anscheinend ihr Herz bewegt, mir diese Sachen zu schenken, damit sein Wort wahr werden konnte, dass er mich segnen würde.

Während ich in ein Kleid nach dem anderen stieg, erzählte ich Vanessa von meinen Gedanken: »Weißt du was? Bald nachdem ich in den USA war, sprach einer der Prediger über den Zehnten und das Prinzip von Saat und Ernte. Er las Maleachi 3,10-12 vor. Meine Gastgeberin holte eine Bibel vom Nachttisch und ergänzte: »Ja, das kenne ich gut, hier steht es: *Bringt aber die Zehnten in voller Höhe in mein Vorratshaus, auf dass in meinem Hause Speise sei, und prüft mich hiermit, spricht der HERR Zebaoth, ob ich euch dann nicht des Himmels Fenster auftun werde und Segen herabschütten die Fülle. Und ich will um euretwillen den »Fresser« bedrohen, dass er euch die Frucht auf dem Acker nicht verderben soll und der Weinstock auf dem Felde euch nicht unfruchtbar sei, spricht der HERR Zebaoth. Dann werden euch alle Heiden glücklich preisen, denn ihr sollt ein herrliches Land sein, spricht der HERR Zebaoth.*«

Ich schob die Kleider zur Seite und setzte mich zu ihr auf das Bett. Dann erzählte ich weiter: »In dieser Predigt ging es darum, dass zehn Prozent von allem, was wir haben, eigentlich Gott gehören. Wir berauben und betrügen ihn, wenn wir ihm nicht geben, was er ohnehin besitzt. Das war für mich eine erschütternde Erkenntnis. Du weißt ja, mein Einkommen ist gerade sehr knapp. Die Ausgaben kann ich damit kaum decken. Deshalb fiel mir die Entscheidung sehr schwer, zehn Prozent davon auch noch Gott zu geben, denn dann würde es mir doch nicht mehr reichen!

Ich wollte jeden Handel eingehen, geben, was übrig bleibt, und ich schob vor, dass ich als Christ verantwortlich sein will und es deshalb nicht verantworten kann, wenn ich Leuten etwas schuldig bleibe.«

Vanessa nickte und meinte: »Das verstehe ich gut, Maria. Für reiche Leute ist es schwer, den Zehnten zu geben, weil ihnen die Summe so hoch erscheint, und arme Leute meinen, dass sie dann gar nicht mehr mit ihrem Geld auskommen. Es scheint eine hohe Forderung von Gott zu sein. Dabei verspricht er uns doch auch seinen Segen dazu!«

»Richtig!«, antwortete ich. »Das habe ich dann auch verstanden. Gott zeigte mir, dass dies alles nur Ausreden waren, und ich beschloss, dieses »Prüft mich«, das in der Bibel steht, zu testen. Ich entschied, dem Wort Gottes mehr zu glauben und zu vertrauen als meinen Gefühlen, und begann damit, zehn Prozent meines Gehaltes vorab an die Gemeinde abzugeben.«

Vanessa stand auf und suchte mir noch das passende Halstuch zum Kleid heraus. »Das hast du getan? Das war aber ein mutiger Entschluss!«

Ich legte mir das Halstuch um und betrachtete mich im Spiegel. »Nun, schau mich an: Sehe ich in diesem Kleid aus wie eine arme Frau? Gott hat sein Himmelsfenster weit aufgetan und mich mit Modellkleidern als besonderen Segen überschüttet!« Vanessa legte mir ein anderes Kleid in den Arm und sagte: »Gut, dass du das so siehst! Hier kommt das nächste Kleid herabgeflattert, das andere packe ich dir schon einmal in Folie, damit du es sauber bis nach Hause kriegst!«

Wir lachten und freuten uns über unseren großartigen Gott, der so viel Fantasie hatte, meinen Geldsorgen zu begegnen, und der selbst dann noch einen Weg kannte, wenn ich schon nicht mehr weiterwusste.

Nach diesem Besuch bin ich mit den wunderbarsten Kleidern nach Hause gegangen und eins war schöner als das andere! Auch das Haus mit einigen Schlafzimmern, das ich mit Gottes Hilfe in Gatlinburg, am Rande der Smoky Mountains in Tennessee, mieten konnte, war gefüllt mit antiken Möbeln. Es hatte eine herrliche Lage, und ich bezahlte nur 100 Dollar im Monat, weil die Besitzer darüber glücklich waren, dass jemand auf diese Dinge aufpasste!

Als ich am Jahresende Bilanz zog, war es meistens so, dass ich das Zehnfache verdienen hätte müssen, wenn ich all das bezahlt hätte, was Gott mir nebenbei noch dazuschenkte! Nur einmal haderte ich und sagte: »Diesen Monat kann ich beim besten Willen nicht den Zehnten bezahlen, ich werde den nächsten Monat dafür das Doppelte bezahlen.« In diesem Monat ist mir dann mein neuer Autoreifen geplatzt, und ich erlebte, dass Gott wegen meines Ungehorsams und meines Misstrauens den »Fresser«, der in der Bibelstelle genannt wird, nicht bedrohen konnte.

In den folgenden Jahren in den USA hat mir Gott immer wieder Gelegenheiten geboten, noch mehr zu geben, und ich kann nur sagen, wir können uns nie bei Gott verausgaben. Er wird alle Gnade fließen lassen, damit wir in allen Dingen, allezeit, volle Genüge haben und reich sind, zu jedem guten Werk.

Verzicht auf das Wichtigste

Gott wirklich ganz und gar zu vertrauen – das bedeutete für mich auch, ihm das zu schenken, woran mein Herz tatsächlich hing. Lange Zeit war meine größte Angst, dass ich Nonne werden müsste. Mein Vater im Himmel kannte mich aber sehr genau und wusste, was ich ihm noch nicht anvertraut hatte.

Ich hatte es mir angewöhnt, beim Autofahren Gott zu loben und mit ihm zu sprechen. Eines Tages sang und betete ich mich so den Highway entlang, als ich deutlich merkte, dass die Gedanken und Absichten meines himmlischen Vaters zu meinen wurden. In meinem Herzen begann er zu fragen: »Maria, mein Kind, bist du bereit, das Reisen für mich aufzugeben?« Diese Frage traf mich unerwartet tief und berührte sofort meine größte Sehnsucht. Verlegen antwortete ich: »Aber schau einmal, Gott, am Reisen ist doch nichts Schlechtes!« In derselben Sekunde fiel mir aber ein, wie ich fortwährend die Monate zählte, bis ich wieder verreisen konnte. Andere Menschen und Orte sehen, Freiheit erleben! Wieder hörte ich die Frage: »Bist du bereit, dieses Reisen für mich aufzugeben?« Ich konnte es nicht glauben. Gerade durch die Reise in die USA hatte ich aus dem kleinkarierten europäischen Leben ausbrechen können. Musste ich am Ende wieder nach Hause fahren, wenn ich »Ja« sagte? Vielleicht hatte ich Gott falsch verstanden, also erwiderte ich: »Vater, ich könnte doch für dich nach Israel fahren und dort für dich ...« Bevor ich zu Ende argumentieren konnte, fiel aber schon die Erkenntnis in mein Herz, dass das mein Götze war: Reisen! Das war mir so wichtig, dass ich mir nicht vorstellen konnte, es aufzugeben. Aber ich wollte doch Gott alles schenken und ihm ganz und gar vertrauen.

Mir wurde bewusst, dass das eine Sünde war, die mich von Gott trennte. Erschrocken bekannte ich ihm diese Erkenntnis und bat um Vergebung: »Und, Vater, wenn du wirklich willst, dass ich bis zum Ende meines Lebens in diesem kleinen Kaff Gatlinburg bleibe, musst du eben alle Menschen zu mir bringen. Ich reise von jetzt an erst, wenn du es mir ausdrücklich sagst!« Mit diesem Gebet strömte ein tiefer Friede in mein Herz und ich spürte eine große Nähe zu meinem Herrn. Hatte ich zuerst noch Angst gehabt, auch das Reisen in seine Hände zu legen, wusste ich jetzt: Er würde mich nicht im Stich lassen, da war ich sicher!

Einige Wochen vergingen, bis ich bei einem erneuten Gebet auf dem Highway die Worte Gottes verstand: »Maria, ich freue mich, dass du mir so vertraust. Du hast mir sogar deine Reiselust geschenkt und ich will dir die ganze Welt zeigen! Warte ab – Du wirst die ganze Welt sehen!«

Heute erfüllt sich diese Verheißung in meinem Leben, und ich weiß, dass Gott uns niemals leer ausgehen lässt und mit einem unbeschreiblichen Reichtum beschenkt, wenn wir lernen loszulassen, was uns von ihm trennt.

Gottes Gehaltserhöhung

Der Herr trug mich durch, und doch hatte ich eines Tages das Verlangen, nach einer Gehaltserhöhung zu fragen. Ich erzählte es Gott im Gebet und er fragte mich: »Wie viel möchtest du?« Ich ging dann aufs Ganze und meinte: »Herr, dreimal so viel wie jetzt!« Seine Antwort war, ich solle im Vertrauen darauf den Zehnten in dreifacher Höhe bezahlen! Das kostete mich selbst noch meine kleinen Ersparnisse und ich zahlte drei Monate lang diesen Betrag.

Danach bekam ich ein Angebot aus Denver, Colorado, ob ich dort im »Grace Fellowship Counseling Center« als Büromanagerin arbeiten wolle. Es wurde zum damaligen Zeitpunkt von Dr. Charles und Sue Solomon geleitet und war ein Seelsorge- und Ausbildungszentrum für Menschen, die ihr Leben aus der Kraft Gottes gestalten wollten.

Obwohl ich dort die Büroleiterin war, habe ich mich der Ausbildung als Seelsorgerin unterzogen und hatte große Freude, Menschen mit Problemen zu helfen und sie dabei zu unterstützen, wieder festen Boden unter den Füßen und ein Liebes- und Vertrauensverhältnis zu Gott zu bekommen.

Ich hatte bereits drei Jahre bei Grace Fellowship Intl. gearbeitet, als ich eines Tages mit meinem Auto die Colfax Avenue entlangfuhr und in meinem Herzen die folgenden Worte hörte: »Willst du mir jetzt ganz vertrauen? Bist du bereit, deinen Beruf aufzugeben und ganz von mir abhängig zu werden?« Ich kannte die Stimme Gottes gut und wusste, wenn Gott fragt, dann ist es das Beste, ein »Ja« zu haben, und so antwortete ich: »Ja, Herr, ich vertraue dir!«

Sofort schossen mir die folgenden Gedanken durch den Kopf: »Du kannst das Skifahren jetzt aufhören, Europa wirst du auch nicht mehr sehen!« Ich fing an, darüber nachzudenken, was ich wie aus meinem Kleiderschrank kombinieren konnte, um lange nichts Neues kaufen zu müssen.

Die Gedanken, was mir jetzt alles mangeln würde, machten mich niedergeschlagen, da hörte ich die Stimme Gottes wieder in meinem Herzen: »Glaubst du nicht, dass es mir wehtut, dass du jetzt, wo du mir ganz vertraust, denkst, du würdest weniger haben als vorher? Vertraue mir für mehr!« Ich war erschüttert über meinen Kleinglauben und über mein falsches Gottesbild.

Ungefähr zur selben Zeit lernte ich die Vineyard Gemeinde kennen, die von Tom und Maryellen Stipe geleitet wurde und sehr lebendig war. Eines Tages entschloss ich mich, in die Frauenstunde zu gehen, und war ganz überrascht, dass eine der Pastorenfrauen auf mich zukam und mich herzlich begrüßte, da sie für ältere Frauen beteten, die ihnen dienen sollten!

Ich war damals 45 Jahre alt und kam mir absolut nicht als »ältere Frau« vor, daher wusste ich nicht, ob ich heulen oder lachen sollte. Auf jeden Fall luden sie mich ein, sie über innere Heilung und die Bibel zu lehren. Das war für mich eine Herausforderung und der Anfang meines Dienstes in der Kraft Gottes.

Eines Tages gab Gott mir eine Zeit in vollkommener Abgeschiedenheit, um zu hören, was mein nächster Schritt sei. Mein Eindruck war, eine Frau anzurufen, die ein christliches Buchgeschäft in der Stadt hatte. Ich wollte zwei Tage in der Woche in ihrem Geschäft ohne Bezahlung arbeiten. Sie fand es wunderbar, doch sie fragte mich, was ich wirklich machen wollte! Ich sagte ihr, dass ich gerne eine Seelsorgemöglichkeit anbieten würde, und daraufhin war sie sehr erfreut, denn sie hatten für einen festen Seelsorger in ihrem Geschäft gebetet! Oft kamen Menschen mit schweren Depressionen und Problemen, und sie hatten leider nicht die Zeit, sich darum zu kümmern. Nun freute sie sich, jemanden direkt in der Buchhandlung zu haben, der sich für solche Dienste bereit erklärte.

Ich habe dann eine ihrer »Rumpelkammern« aufgeräumt und mir einen Schreibtisch hineingestellt und war seitdem dort vor Ort. Durch meine Aktivität in der Vineyard Gemeinde und meine Tätigkeit in diesem Laden hatte ich in Kürze einen vollen Terminkalender, und ich staunte, wie Gott meinen Bedürfnissen begegnete, denn ich verlangte kein Geld. Es war wirklich verblüffend, wie alles sich fügte.

Eines Tages brachte ein Mann mir eine Palette Toilettenpapier und eine Frau putzte mir jede Woche meine Wohnung (bis dahin hatte ich noch nie jemanden, der mir meine Wohnung putzte!). Eine Kosmetikerin, die zu mir kam, bot mir jeden Monat eine Gesichtsmassage an, und andere brachten mir Kleider oder sogar Geld.

In diese Zeit fiel auch ein Besuch meiner Schwester Margot aus Österreich und wir durchreisten die USA und hatten gute Gespräche. Da erwähnte sie, dass ich auch in Österreich wieder gebraucht würde, und ich erwiderte: »Mein Leben wird nicht mehr von Not bestimmt.« Es wäre für mich das Schlimmste gewesen, wieder ganz nach Europa zurückzumüssen. Europa war für mich kleinkariert und eng.

Zu Beginn meiner USA-Zeit, als ich viel in der Bibel las, war ich eines Tages auf folgende Stelle in Jeremia 29,11-14 gestoßen, die mich damals schon sehr erschreckte. Da im englischen Text »you« stand, bezog ich die Verse direkt auf mich:

›Denn ich weiß genau, welche Pläne ich für euch gefasst habe‹, spricht der Herr. ›Mein Plan ist, euch Heil zu geben und kein Leid. Ich gebe euch Zukunft und Hoffnung. Wenn ihr dann zu mir rufen werdet, will ich euch antworten; wenn ihr zu mir betet, will ich euch erhören. Wenn ihr mich sucht, werdet ihr mich finden; ja, wenn ihr ernsthaft, mit ganzem Herzen nach mir verlangt, werde ich mich von euch finden lassen‹, spricht der Herr. ›Ich will euer Geschick wenden und euch aus allen Völkern und von allen Orten, wohin ich euch vertrieben habe, zusammenbringen‹, spricht der Herr. ›Ich will euch wieder dorthin zurückbringen, von wo ich euch fortgejagt habe‹ (NLB).

Ich war sehr darüber erschrocken, hatte die Bibel zugeschlagen und dem Herrn gesagt: »Das tust du mir nicht an! Ich fühle mich das erste Mal wohl hier in den USA und da bleibe ich!« Daraufhin las ich zehn Jahre nicht mehr das Buch Jeremia! Ich hoffte, Gott vergäße dieses Wort, das mir so ins Herz gefallen war, als wäre es direkt für mich persönlich geschrieben worden. Nur im Urlaub konnte ich mir den europäischen Kontinent vorstellen, ansonsten war ich immer über meinen Rückflug in die USA glücklich.

Als meine Schwester dann diese Bemerkung machte, dass ich auch in Europa gebraucht würde, habe ich am Abend vor dem Einschlafen den Herrn gefragt: »Warst du es, der durch meine Schwester gesprochen hat? Bitte, wenn du es warst, mache es mir deutlicher, und bitte sprich morgen im Gottesdienst zu mir!« Am nächsten Morgen predigte der Pastor einer kleinen christlichen Gemeinde in Salt Lake City über die Heilung des Besessenen aus Markus 5,1-20, dem Jesus antwortet, als er bei ihm bleiben möchte: *Geh hin in dein Haus zu den Deinen, und verkünde ihnen, welch große Wohltat dir der Herr getan und wie er sich deiner erbarmt hat.* Diese Worte waren wie ein Schwert in meinem Herzen und ich wusste: Das ist die Stimme Gottes! Als meine Schwester wieder zurückflog, fragte ich dann meinen Pastor noch, ob er erkennen könne, dass Gott in meinem Leben eine Veränderung vorhabe? Er antwortete, sie selber in der Leiterschaft hätten sich schon darüber gewundert, dass sich in letzter Zeit so viele deutsche Worte in mein Englisch hineinmischten. Sie machten sich daher Gedanken, ob mein Weg wieder nach Europa führen würde.

Gott hat mich dann durch die gute Aufnahme in die Vineyardgemeinde und durch die gesegnete Arbeit mit den Frauen und meinem Seelsorgedienst sehr bestärkt, und die Leiterschaft der Gemeinde hat mich für sechs Monate ausgesandt, um Europa »auszuspionieren«.

Zurück in Europa

Als meine Eltern daheim erfuhren, dass mich Gott gesandt hatte, um dort zu verkündigen, wie gut er zu mir war und wie er Barmherzigkeit mit mir hatte, haben sie ernsthaft mit mir gesprochen und gesagt: »Wir brauchen deine Botschaft nicht. Wir haben hier genug Religion.« Genau das war meine Angst! Ich habe sogar Gott gesagt: »Bitte schick mich nicht nach Europa, denn die haben genug Religion, um gegen den Glauben immun zu sein.« Und genau diese Angst wurde hier berührt. Ich habe nur zu meinen Eltern gesagt: »Ich bin nicht hier, weil es mein Plan ist. Gott hat mich hierhergesandt. Und wenn er mich nicht enorm segnet und bestätigt, dann bin ich in einem Jahr wieder in den USA.«

Gott hat übernatürlich Türen geöffnet, und in Kürze hatte ich einen vollen Terminkalender, um in Gemeinden, bei Bibelgesprächsgruppen und Hauskreisen Zeugnis zu geben und das Wort Gottes zu verkündigen.

Meine Eltern schämten sich auch für mich, weil sie mich studieren hatten lassen und ich dennoch »vom Betteln« lebte. So bezeichneten sie das Leben aus dem Glauben.

Aber Gott hat so mächtig für mich gesorgt, dass beide meiner Eltern mir zugestanden, dass sie nichts mehr gegen meinen »Arbeitgeber« hätten.

Als ich von meinem missionarischen Aufenthalt in Österreich wieder in die USA zurückkam, ging ich zu meinen Pastoren und sagte: »Ich glaube, ich habe jetzt die Lösung für mein weiteres Leben. Ich möchte 6 Monate in den USA und 6 Monate in Europa leben.« Ich hatte zu dem Zeitpunkt eine Wohnung und ein Auto in den USA und in Österreich, und so konnte ich mir mein Leben gut vorstellen.

Mein Pastor, ein weiser Mann Gottes, sagte: »Maria, das ist deine Idee, aber wir müssen den Herrn fragen, was er dazu sagt!« In der Woche darauf kam Bob Jones, ein Prophet, in die Gemeinde, der mich vorher noch nie gesehen hatte und mich nicht kannte. Er rief mich nach vorn und sprach: »Du warst dein ganzes Leben eine Frau der Einsamkeit, doch diese Zeit geht jetzt zu Ende, denn der Herr wird dir jemanden hinzufügen, der wird für dich wie ein Engel sein, und widersetze dich nicht, denn Gottes Geist ist in ihm!«

Meine Pastoren beschlossen daraufhin, dass es gut für mich sei, mich noch einmal sechs Monate nach Europa zu senden, denn in dieser Zeit würde Gott mir seine weiteren Pläne mitteilen.

Schon als Kind hatte ich in meiner Umgebung kaum eine glückliche Ehe gesehen, und durch diese negativen Erfahrungen machte mir der Gedanke an Ehe eher Angst als Freude.

Und doch liegt in jedem Menschenherzen der Wunsch nach diesem Einswerden mit dem geliebten Partner, zu dem man gehört.

7 Herbert

Nicht für die Ehe bestimmt?

Ich war sehr verblüfft darüber, dass mir Bob Jones gesagt hatte, meine Zeit allein sei bald zu Ende. Sollte ich nun doch noch heiraten?

Mit 19 war ich bei Freunden auf einer Hochzeit eingeladen gewesen und ich hatte während des Gottesdienstes gedacht: »Ob das wohl gut gehen wird?« Spontan hatte ich folgendes Gebet gesprochen: »Herr, ich will nie heiraten, nur um verheiratet zu sein. Ich bin bereit, auf den Richtigen zu warten, bis ich 50 bin!«

Mit 30 Jahren hatte ich dieses Gebet schon schwer bereut, aber Gottes Wege sind höher als unsere Wege. Es boten sich immer wieder Gelegenheiten, liebenswerte Männer kennenzulernen, und jedes Mal hörte ich die Frage in meinem Herzen: »Warum willst du heiraten?« Jede meiner Antworten wurde mit einer Gegenantwort von Gott entkräftet.

So sagte ich z. B.: »Ich möchte jemanden, dem ich ganz gehöre!« Und der Herr sagte zu mir: »Aber du gehörst mir und ich gehöre dir.«

»Ich möchte einen neuen Namen.« Der Herr antwortete: »Ja, den hast du schon! Ich habe dich von einer Sünderin zu einer berufenen Heiligen gemacht.«

»Ich möchte einen Versorger.« Der Herr erwiderte: »Ich bin dein Versorger!«

»Ich möchte jemanden, der mich nie verlässt oder im Stich lässt.« Der Herr sagte: »Einen Besseren als mich kannst du nie bekommen. Ich werde dich nie verlassen.«

»Ich möchte gerne einen innigen Freund, der mich durch und durch versteht und mit mir durch dick und dünn geht.« Der Herr sprach: »Aber das bin ich doch!«

So habe ich Christus in den folgenden Jahren als meinen Liebhaber, meinen besten Freund, meinen Beschützer, meinen Versorger und als den, der mich nie im Stich lässt, kennengelernt.

Mit 45 Jahren war ich mit der Gegenwart Gottes, mit seiner spürbaren Nähe, so erfüllt, dass sogar meine Freunde sagten: »So wie Jesus dich verwöhnt, könnte dich nie ein Ehepartner verwöhnen.« Meine Reaktion darauf war: »Dann bleibe ich eben ledig!«

Mit 46 Jahren kam ein liebevoller Amerikaner, der um meine Hand anhielt, und ich sagte ihm: »Selbst wenn ich wollte, ich kann nicht heiraten, etwas in mir hält mich zurück!«

Immer wieder, wenn es um eine potenzielle Ehebeziehung ging, träumte ich, dass ich eine Wendeltreppe in einen Keller hinunterging und es plötzlich ganz dunkel wurde. Die Stufen hörten mit einem Mal auf, und ich fiel in ein tiefes Loch und wachte mit einem Schrei auf.

Der Mann war Seelsorger und meinte, vielleicht würde Gott mir zeigen, was mich zurückhielt. Also beteten wir gemeinsam, dass Gott in meinem Herzen eingreift und er Blockaden, die eventuell in meinem Unterbewusstsein verborgen sind, hervorbringt und bereinigt.

Kurze Zeit danach begann ich aus dem tiefsten Inneren meines Herzens zu weinen und ich sah mich als 3-jähriges Kind in unserer Küche am Ende der Eckbank. Ich konnte sogar den Duft in der Küche riechen und sah, wie meine Eltern einen Streit hatten. Für mich war Streit immer etwas Beängstigendes, und ich beschloss damals, mich niemals in eine solch verletzbare Situation zu begeben, wie meine Mutter sie gerade erlebte. Ich hatte in diesem jungen Alter bereits einen Schwur gemacht, dieser hatte sich durch mein ganzes Leben gezogen. Nachdem ich erkannt hatte, dass ich meinen Eltern dieses noch immer nachtrug und sie offensichtlich gerichtet hatte, bat ich den Herrn und sie um Vergebung.

Trotzdem fand ich damals kein inneres Ja zur Hochzeit mit dem Seelsorger und war nun sehr erstaunt, dass es doch noch einen Mann für mich zu geben schien – ich kannte ihn nur noch nicht! Erst einmal machte ich mich aber zur Abreise aus den USA nach Österreich bereit.

Die Familie meiner Schwester, die im Staat New York lebte, wollte mein Auto kaufen, und deshalb musste ich jetzt von Denver nach New York fahren. Als meine Freunde davon erfuhren, fragten sie mich, ob ich nicht auf dem Weg Heilungsseminare in Memphis und in Knoxville geben könne. Ich sagte zu. Beim Seminar in Memphis kam eine liebe Freundin auf mich zu und sagte: »Es ist eigenartig, aber als du sprachst, sah ich die ganze Zeit zwei verschlungene Herzen über deinem Kopf, und die folgenden Worte kamen mir in den Sinn: »Sie steht unmittelbar vor ihrer Ehe!«

In Knoxville kam eine Frau auf mich zu und prophezeite: »Maria, der Herr sagte, er wird dir einen starken Beschützer schenken, einen Mann, der älter ist als du und nicht aus derselben Gegend kommt, aber ihr sprecht dieselbe Sprache, und es ist eine Beziehung zur Verherrlichung Gottes.« Ich war über diese klaren und eindrücklichen Worte überrascht, kannte aber niemanden, auf den diese Beschreibung passte!

Die Führung Gottes

Als ich nach Österreich kam, begegnete mir dort eine gute Bekannte, die mich fragte, ob mich Herbert schon erreicht habe? Ich antwortete, dass ich keinen Herbert kannte, dass der Herr mir aber einen starken Beschützer, einen Engel, verheißen habe. Ihre Antwort war: »Der Herbert ist für jeden ein starker Beschützer und ein Engel ist er auch.« Ich fragte sie, woher er denn käme, und sie erwiderte: »Aus Wien.« Mir wurde heiß ums Herz und mulmig im Magen!

Als ich dann in der Osterwoche 1986 nach Innsbruck kam, fragte mich die Frau des Chapterleiters der Geschäftsleute des vollen Evangeliums, Maria Fuchs, ob Herbert mich schon erreicht habe? Er versuche es dauernd, doch ich sei nie erreichbar. Sie gab mir seine Telefonnummer, denn er wolle unbedingt mit mir Kontakt aufnehmen.

Karsamstag rief ich ihn an, und während ich die Nummer wählte, dachte ich mir, dass ich nur meinen Namen erwähnen würde, und wenn er sich dumm anstellte, dann würde ich sofort wieder aufhängen! Ich wählte die Nummer, er antwortete, und nachdem ich meinen Namen sagte, meinte er: »Wie kann ich Sie erreichen? Ich habe schon so lange versucht, mit Ihnen Kontakt aufzunehmen, ich möchte Sie gerne kennenlernen!«

Es war Ende April und ich war gerade mitten in den Vorbereitungen für mein erstes Seminar im Mai. Daher antwortete ich ihm: »Es tut mir leid, aber vor Juni habe ich keine Zeit.« Damals musste ich mich noch für eine Stunde Predigt eine Woche vorbereiten! Er meinte, dies sei ihm zu lange, und nach längerem Gespräch stellten wir fest, dass wir beide am Ostermontag in derselben Stadt in Österreich zu tun hatten, und so wollten wir uns bei Freunden treffen.

Ich war sehr nervös und aufgeregt, denn alle Worte, die mir bisher gegeben worden waren, stimmten mit dem überein, was sich vor mir auftat. Da ich aber »cool« und nüchtern wirken und

Herbert, 1986

meine Fassung bewahren wollte, nahm ich mir eine Stickerei mit. Ich saß hinter dem Küchentisch und stickte, als er kam und für die Kinder große Tüten voll Süßigkeiten mitbrachte. Als ich seine Stimme vernahm, berührte sie mich angenehm, aber sonst tat sich erst einmal nichts Spürbares – ich bekam keine Gänsehaut, und es waren auch keine läutenden Kirchenglocken zu vernehmen. Es war ganz ruhig. Ich dachte mir nur: »sehr väterlich!« Als er in die Küche kam und mich sticken sah, dachte er sich: »sehr mütterlich!«

Wir haben dann mit der Familie zusammen Kaffee getrunken und Kuchen gegessen und nach einiger Zeit saßen wir plötzlich allein im Zimmer und tauschten uns aus. Er suchte eigentlich eine Mitarbeiterin für ein Haus der Heilung, das er gerne gründen wollte.

Abgesehen davon hatte Herbert am Gründonnerstag gebetet: »Herr, ich bitte dich, schenke mir eine Frau, die wiedergeboren und geisterfüllt ist, 15 Jahre jünger, mit kaufmännischer Ausbildung, nett zum Anschauen und schlank, Amen.« Er war Wirtschaftsberater, und deshalb waren seine Gebete genauso nüchtern wie seine Arbeit, aber Gott hat sie immer beantwortet, weil sie konkret waren.

In den Stunden, in denen wir unsere Lebensgeschichten austauschten, erkannten wir dann, dass ich 15 Jahre jünger und Kaufmännische Lehrerin war. Er glaubte auch, dass ich nett anzusehen sei, und geistlich waren wir auf der gleichen Ebene. Ich war auch sehr überrascht, dass ich schon Monate vorher, als in meinem Leben noch keine Rede von einem »Herbert« war, sehr viel Gewicht verlor, ohne krank zu sein. Ich glaube, Gott hat mich vorbereitet, damit ich zu seinem Gebet passte!

Mich hat nur eines sehr bedrückt: Herbert war geschieden. Ich bewegte dies vor Gott und fragte ihn, was er davon halte. Die Frau einer der Pastoren in den USA schrieb mir in dieser Zeit einen Brief. Sie hatte einen Traum von mir, der so real war, dass sie mir diesen mitteilen wollte. Sie hatte keine Ahnung von Herbert und ich las folgende Zeilen: »Im Traum habe ich gesehen, wie du einen älteren Mann kennenlernst, einen sehr feinen Gentleman, der dich zu sich nach Hause nimmt. Dort sind drei Kinder, zwei Söhne und eine Tochter. Als er dich ins Schlafzimmer führt, ist zwischen den Ehebetten eine Wand, und eine Stimme sagt: ›Seine Frau ist seit 3 Jahren tot! Dieser Mann ist ein Geschenk für Maria und sie darf mit ihrem Herzen fließen.‹« Herberts Frau hatte sich, drei Jahre bevor wir uns kennengelernt hatten, scheiden lassen. Sie hatte zwei Söhne mit in die Ehe gebracht und gemeinsam hatten sie ein Mädchen adoptiert. Dieser Traum bereitete mir große Freude und ich erlaubte meinem Herzen »zu fließen«.

Der Heiratsantrag

Ich saß auf Herberts Sofa und wartete gespannt darauf, was kommen würde. Gerade war er aus dem Wohnzimmer verschwunden, um irgendetwas zu holen. Schon auf der Herfahrt war ich sehr aufgeregt gewesen, denn ich hatte so eine Ahnung, dass irgendetwas Wichtiges passieren könne. Nun knetete ich nervös mein Taschentuch in den Händen und harrte der Dinge, die da kommen würden.

Die Tür öffnete sich und ein strahlender Herbert kam herein, mit einem wunderschönen Biedermeier-Blumenstrauß in der Hand. Mein Herz klopfte wie verrückt, denn nun wusste ich genau, was er fragen würde. Aufgeregt nahm ich den Strauß, den er mir in die Hand drückte, und betrachtete die sieben zartrosafarbenen Röschen, die im Kreis gesteckt waren. In der Mitte ragte eine große rote Rose heraus. Ich erkannte gleich die Anspielung, denn ich hatte ihm erzählt, dass ich bereits sieben Heiratsanträge erhalten – jedoch alle aus unterschiedlichen Gründen abgelehnt hatte. Herbert kniete sich vor mich hin, und ich wusste vor Verlegenheit gar nicht, wohin ich blicken sollte. Er war aber ganz ruhig und sah mir fest in die Augen. »Meine liebe Maria, wir wissen beide, dass der Herr uns zusammengeführt hat. Willst du mich heiraten?«

Mein Herz machte einen Sprung, ich musste keine Sekunde überlegen, denn die Antwort wusste ich schon, bevor er die Frage gestellt hatte: »Ja, Herbert, von Herzen gerne!« Dann schenkte er mir noch einen Diamantring und wir verbrachten den Nachmittag mit langen Gesprächen beim Spaziergang im Wiener Wald. Wir lachten und schmiedeten Pläne, hielten Händchen, und ich konnte mich gar nicht satt sehen an Herberts strahlendem Gesicht und seiner stattlichen Erscheinung. Ich schwebte wie auf Wolken und verstand endlich das Sprichwort vom »siebten Himmel«, in dem ich nun mehr vorwärts schwebte als ging.

»Jesus, du bist so gut zu mir, dass du mir diesen wunderbaren Mann geschickt hast, ich danke dir von Herzen für dieses großartige Geschenk deiner Liebe und Güte!«, betete ich. Inmitten meiner Verliebtheit und der ganzen Aufregung einer bevorstehenden Hochzeit war mein Herz mit Lobpreis gefüllt und ich konnte nur noch danken.

Zu Pfingsten hat Herbert dann bei meinen Eltern um meine Hand angehalten.

Mein Vater, der nicht viel von entschiedenen Christen hielt, weil er Angst hatte, sie könnten eine Frau nicht ernähren, verstummte, als Herbert um meine Hand anhielt. Nach einer Stunde sagte er: »Der spinnt genauso wie du, Maria, ihr passt zusammen!« Das war seine Art von Segen, seine ehrliche Herzenshaltung.

Unsere Hochzeit

Am 28. Juni 1986 heirateten wir und bereits die Eheschließung war ein evangelistisches Treffen. Uns war sehr wichtig, dass Jesus im Mittelpunkt des Tages steht, und das ist nicht nur durch die deutlichen Worte der Predigt gelungen. Auch in den Sketchen und Wortbeiträgen der anschließenden Feier wurden die Gäste eingeladen, in ihrem Leben auf Gott zu vertrauen und mit Jesus zu gehen.

Wir wussten beide, Gott hat uns zusammengeführt, damit wir noch effektiver in seinem Reich dienen konnten. Herbert war ein gebürtiger Grazer, hatte aber fast sein ganzes Leben in der Wiener Gegend gelebt. Er war ein sehr liebevoller und zärtlicher, verständnisvoller und gütiger, fürsorglicher Ehepartner, der mir auch viel Schutz gab. Durch ihn durfte ich das »Sein« lernen:

Mitten am Vormittag, in der besten Arbeitszeit, konnte er sagen: »Komm, jetzt setz dich zu mir und lass dich anschauen!« Dies war für mich sehr ungewohnt. Warum sollte man sich anschauen, wenn man doch während dieser Zeit gut arbeiten konnte! Mein Herbert war ein Genießer und er hatte es gelernt »zu sein«.

Immer wieder sagte er: »Lass alles fallen, jetzt gehen wir eine Stunde spazieren!« Er war ein Mann, der die Gabe der Organisation hatte, und ich konnte sehr gut improvisieren. Dies war für uns beide sehr belebend, doch sorgte dies nicht immer nur für

Harmonie, da sich unsere Lebensweisen etwas unterschieden. Herbert hatte vor seiner Pensionierung noch ein Jahr zu arbeiten und ich bin mit ihm überall hin mitgereist. Dadurch lernte ich seinen großen Freundes- und Bekanntenkreis kennen. Es war für uns beide eine sehr gute Zeit, während der wir uns in Ruhe kennenlernen konnten.

Nach diesem Jahr bekamen wir plötzlich von überallher Einladungen, als Sprecher zu Konferenzen zu kommen. Auch wir hatten es auf dem Herzen, Seminare zu geben, denn die Hilfesuchenden in unserer Wohnung wurden immer häufiger. So wurden die ersten Lebensseminare geboren, mit dem Titel: »Die Wahrheit, die frei macht, die Liebe, die heilt, und das Leben, das erfüllt – Jesus Christus!«

Noch heute werden diese einwöchigen Seminare veranstaltet, die Menschen helfen, von ihren Altlasten frei zu werden und einzutreten in diese Liebes- und Lebensbeziehung mit Jesus Christus.

Herbert und ich durften an Geist, Seele und Körper viele Wunder erleben, und das waren wirklich die tiefsten Stunden unserer Ehe. Wir durften sehen, wie Menschen mit dem Vater im Himmel vertraut wurden. Ich kann mir auf Erden nichts Schöneres vorstellen, als an der Schöpfungsarbeit Gottes mitzuwirken, indem Menschenherzen verändert werden.

Tante Emma

1985 lernte ich eine ganz besondere Frau kennen: Mürrisch stapfte ich durch das Schneetreiben auf das Münchner Krankenhaus zu. Es war der 23. Dezember, und ich konnte mir für diesen Tag wirklich Schöneres vorstellen, als hier eine alte Dame zu besuchen, die ich noch nicht einmal kannte. Aber liebe Freunde hatten mich darum gebeten, und außerdem hatte ich das unbestimmte innere Gefühl, dass dies ein wichtiger Besuch für mich werden würde.

Als ich die Tür zum Krankenzimmer öffnete, fand ich eine 80-jährige Dame im Bett, die ihr Leben mit Gott in Ordnung bringen wollte. Alle nannten sie nur »Tante Emma«. Wir redeten den ganzen Tag, wir beteten und sprachen über alles, was ihr am Herzen lag; sie bereinigte ihr Leben. Es war eine wunderbare Zeit der Heilung und Befreiung, und bereits nach den ersten fünf Minuten freute ich mich sehr darüber, gekommen zu sein. Am Abend verabschiedete sie mich mit den Worten: »Ich danke dir, dass du gekommen bist, Maria. Wir werden uns in der Ewigkeit wiedersehen!«

Später brachte der Pfarrer ihr das Abendmahl und sie bereitete sich so auf das Sterben vor. Mitten im Abendmahl hörte sie aber die Stimme Gottes, die ihr sagte, dass es noch Arbeit für sie gäbe. Die alte Dame antwortete, dass sie aber doch schon sehr müde sei. Gott erwiderte dann, dass er auch schon durch einen müden Gaul Räder in Bewegung gebracht habe, und sie entschloss sich, Gott zu gehorchen.

»Tante Emma«

So wurde sie tatsächlich bald wieder gesund. Sie hatte meine Worte und Gebete in den vermeintlich letzten Stunden ihres Le-

Fürst und Fürstin Castell

bens als großen Segen empfunden und wollte vielen Menschen diese Segnung zuteilwerden lassen.

Ich hatte keine Ahnung, dass sie eine Prinzessin von deutschem Adel war. Mutig hat sie in Deutschland zu meinen Vorträgen und unseren Seminaren eingeladen, denn sie meinte, einer 80-jährigen alten Dame könne man doch nichts abschlagen. So machte sie unseren Dienst in Deutschland bekannt, und die Veranstaltungen waren gefüllt mit Prinzen und Freifrauen aus altem Adel. Durch die Demut dieser Menschen habe ich sehr viel gelernt.

Bis zu ihrem 90. Lebensjahr hat Tante Emma fast alle Seminare auch selbst besucht, zu denen sie eingeladen hat. Sie war eine meiner treuesten Beterinnen und starb im Alter von 97 Jahren. Nachdem sie noch im hohen Alter einen so wichtigen und wertvollen Dienst im Reich Gottes verrichtet hat, ist sie heimgegangen.

Tante Emma lud fleißig ein, und bei meinem ersten Seminar waren die ersten drei Anmeldungen von einem Fürsten, einer Prinzessin und einer Psychiaterin. Ich flehte den Herrn an, dass ich dieses Seminar absagen dürfte, weil ich deshalb so aufgeregt war. Gott erinnerte mich aber an seine Zusage aus Jesaja 60, in der er mir versprochen hatte, dass der Adel zum Glanz seiner Herrlichkeit kommen sollte.

Fürst Castell brachte meine Kassetten seiner Frau mit, und sie hatten den Eindruck, dass diese Botschaft weitergesagt werden sollte. Die beiden vermittelten Seminare und organisierten Termine. Sie luden viele Menschen ein und unterstützten unseren Dienst, wo sie konnten. Durch den Einfluss und die freundschaftliche Hingabe von Fürst und Fürstin Castell schenkte Gott unserem Werk Wachsen und Gedeihen. Sie sind echte Menschen nach dem Herzen Gottes und inzwischen kommen zu unserer Freude schon die Enkel dieser Familie zu unseren Seminaren.

Gemeinsamer Dienst

Herbert war auch davon überzeugt, dass Frauen genauso von Gott verwendet werden können wie Männer. Das hat mich sehr gefordert, aber auch gefördert. Oft stand er hinter mir, wenn ich predigte, und legte seine Hand auf meinen Rücken. Diese Geste hat viele Männer freigesetzt, auch ihren Frauen den Schutz zu geben, den sie brauchen, um in ihre geistliche Berufung durchzubrechen. Wir beide waren selten in einem Konkurrenzkampf, es wurde uns bald klar, dass wir eine Einheit sind und alles, was durch den einen geschieht, ein Geschenk auch für den anderen ist. Natürlich gab es auch bei uns Zeiten des »Nichtverstehens« und das war dann für uns beide die »Hölle«. Da wir den »Himmel« bevorzugten, haben wir immer fest daran gearbeitet, wieder in den »Himmel« zu kommen. Außerdem hat Gott uns in diesen Situationen jedes Mal das Material gegeben, das wir bei den Eheseminaren dann gut als Beispiele verwenden konnten.

Einmal hatten wir eine Situation, in der es uns schwerfiel, miteinander zu reden. Wir waren beide sehr beleidigt und gekränkt. Einer von uns fragte: »Was würden wir einem anderen Ehepaar raten zu tun, wenn es mit demselben Problem zu uns käme?« Jeder von uns sagte »seinen« Rat und Herbert meinte dann: »Dann lass uns genau das tun!« Wir waren sehr glücklich, denn es funktionierte!

Mein Mann war ein Mitbegründer von den »Geschäftsleuten des Vollen Evangeliums« in Österreich. Er war der Kassierer und somit mit dieser Arbeit sehr verbunden. Er wurde auch bei der Ortsgruppe in Innsbruck aktiv, wo sich sehr schnell ein Gebetskreis gebildet hat, der sich dann bei uns in der Wohnung traf. Der Gebetskreis wuchs in Kürze auf 40–50 Personen, und da wir im 4. Stock eines kriegsgeschädigten Hauses wohnten, war das nicht unbedenklich. Auch beklagten sich die Nachbarn, dass in unserer Wohnung zu viel gesungen und gelacht wurde. Wir beteten dann für einen Ort, wo wir singen und beten konnten, ohne jemanden zu stören. Daraufhin hat uns der Herr einen Raum in einem Heim für Taubstumme gegeben. Wir mussten über diesen Humor Gottes sehr viel lachen.

Dort kam in der Woche nach Herberts Pensionierung ein Missionar aus den USA, der uns durch *Jugend mit einer Mission* vermittelt wurde. Er hatte klar die Botschaft für uns, dass wir nicht mehr ein Gebetskreis seien, sondern bereits die Grenzen zu einer Gemeinde überschritten hätten. Und sie setzten Herbert und mich als Gemeindeleiter ein. Das war für uns auch eine große Überraschung, denn wir fühlten uns sehr wohl mit diesem Gebetskreis. Diese Gemeinde wurde dann »Reich Gottes – Christenvereinigung« genannt und war die erste charismatische Gemeinde in Innsbruck, was nicht ohne Widerstände von kirchlicher Seite ablief. Aber bald wurde erkannt, dass bei uns eigentlich nur Jünger Jesu herangebildet wurden und wir keine Sekte waren.

Gott hat mir ein großes Geschenk damit gemacht, dass mein Mann genauso gerne und leicht verreiste wie ich. Manchmal hatte ich sogar den Eindruck, dass er noch reiselustiger ist als ich. Die Einladungen, das Wort Gottes zu verkündigen, waren oft mit vielen Reisen verbunden.

8 Reiseerlebnisse

Israel

Herbert und ich standen auf einem der Hügel vor Jerusalem und blickten auf die Stadt hinunter, wo schon das rege Treiben des Tages begonnen hatte. Lange Zeit sagten wir nichts, sondern genossen nur die Stille des Morgens und hingen unseren Gedanken nach. »Es ist ein Geschenk, hier sein zu dürfen, Maria«, begann Herbert dann das Gespräch. Bewegt legte er seinen Arm um mich und ich schmiegte mich an ihn und nickte. »Die Feier des Laubhüttenfestes gestern war wirklich etwas Besonderes. Wir durften die Kerze für unser Land Österreich anzünden, das war das Schönste für mich.« Herbert drückte mich fester an sich, aber sein Gesicht verfinsterte sich nun etwas. »Es ist eine große Gnade, dass wir trotz unserer Vergangenheit dabei sein dürfen. Wer Israel segnet, der wird gesegnet, Maria. Wir können ein Zeichen setzen und es anders machen als unsere Vorfahren.« Ich bestätigte ihn: »Du bist ein großer Freund Israels, Herbert, mach dir doch keine Vorwürfe wegen deiner Familie, die das während des

Nazi-Regimes nicht so sehen konnte. Hauptsache, wir machen es anders. Gott liebt sein Volk und hier hat auch Jesus gestanden und die Menschen gelehrt.« Ich konnte nicht mehr weitersprechen, denn ich war so erfüllt von der Erinnerung an Bibelworte und Erlebnisse.

Wir waren nicht das erste Mal mit einer Reisegruppe in diesem schönen Land und erlebten auch jetzt wieder, dass Gott uns mit besonderem Segen erfüllte. Der Herr gab uns später auch die Gelegenheit, viele Hunderte Europäer nach Israel zum Laubhüttenfest zu bringen. Aber auch andere Reisen in Israel konnten wir organisieren, um das Land und das Volk, aus dem uns das Wort Gottes geschenkt worden war, aber auch unseren Messias Jesus Christus kennenzulernen. Das waren immer Höhepunkte in unserem Leben.

Die nächsten Jahre waren von vielen Konferenzen und Seminaren in den USA, England, Deutschland, Österreich und der Schweiz geprägt. Wenn man in einer Seelsorge-Arbeit steckt und Menschen in ihrem geistlichen Leben dienen darf und damit tiefen Einblick in ihr Herz bekommt, entwickeln sich viele echte und gute Herzensbeziehungen. Das konnten wir erleben und der Herr hat uns viele gute Freunde geschenkt. Einige »geistliche Kinder« sind uns besonders ans Herz gewachsen.

Rumänien

Cornel und Gavrilo betraten unser Haus und sahen sich um. »Schön, schön, schön!«, meinten sie und legten ihre Beutel auf die Matratzen am Boden. »Nein, schön soll es erst werden!«, lachte Herbert und führte die beiden herum. Er zeigte ihnen, was alles zu renovieren war. Erst vor drei Wochen hatten wir unser Haus in Imst gekauft und es gab viel zu erledigen. Als uns Cornel und Gavrilo dann nach einer Konferenz in Innsbruck fragten, ob sie etwas für uns tun könnten, waren uns die nötigen

Renovierungsarbeiten am Haus eingefallen. Während der Veranstaltung hatten wir uns liebevoll um sie gekümmert und nun wollten die beiden uns gerne etwas Gutes tun. Obwohl sie inzwischen hauptsächlich als Pastoren einer Pfingstgemeinde in Rumänien ihren Dienst verrichteten, kamen sie ursprünglich beide aus dem Bauhandwerk, sodass sie uns wirklich professionell unterstützen konnten.

Innerhalb von drei Wochen brachten sie uns dann tatsächlich das marode Haus auf Vordermann. Wir konnten es kaum glauben! Inzwischen hatten wir viel von der Not in ihrem Heimatland gehört und beschlossen, einen Hilfstransport für die Menschen in ihrer Gemeinde zu organisieren. Wenige Wochen später machten wir uns mit einigen Bullis voller Hilfsgüter, die wir gesammelt hatten, auf den Weg.

Die tatsächliche Not, die uns in Rumänien begegnete, ergriff und bewegte mich aber zutiefst und veränderte mein Leben für immer. Unfassbar schien mir dieses Elend so nah vor unserer Tür zu sein und noch unglaublicher die Gastfreundschaft, die uns begegnete.

In jedem Haus, in dem wir zu Gast waren, wollte man uns mindestens eine Mahlzeit servieren, für die die Familie oft tagelang gespart hatte. Wir schliefen im Ehebett der Gastgeber, welches mehr einer Hängematte glich, und konnten uns beim besten Willen nicht vorstellen, wo sie selbst in dieser Nacht blieben. So kamen wir in viele Häuser, und trotz der Armut freute ich mich sehr, dass es in jeder Wohnung zumindest einen schönen Gegenstand gab, eine kleine Kostbarkeit, die ich gerne betrachtete. Ich sagte nichts zu diesen Dingen, sondern bemerkte es nur still für mich. Unsere Gastgeber hatten mich aber sehr wohl besser beobachtet, als ich es ahnen konnte.

Bei der kleinen Abschiedsfeier überreichten mir unsere neuen Freunde nämlich genau jene Dinge, denen ich in ihrem Haus kurz meine Aufmerksamkeit geschenkt hatte. So erhielt ich kleine Deckchen, Vasen und Bilder, die den Menschen doch selbst eine wichtige Kostbarkeit waren und die sie viel mehr brauchten als ich.

Mit Tränen in den Augen und von Herzen bewegt nahm ich die Geschenke an, denn ich wollte sie nicht beleidigen.

Eine Freundin, die viel in Rumänien arbeitete, berichtete mir später, dass sie Ähnliches erlebt hatte. Deshalb hatte sie beim nächsten Besuch nur auf den Boden geschaut und keinen Gegenstand im Haus länger betrachtet. Ihre Gastgeber schenkten ihr daraufhin zum Abschied den Teppich!

Grenzangestellte in weißer Uniform

Von anderen Grenzgängern, die nach Rumänien fuhren, hörten wir oft von stundenlangen Kontrollen und Schikanen an der Grenze. Wir konnten aber meist alle Kontrollen schnell und unkompliziert durchlaufen. Vor jedem Transport beteten wir um den besonderen Schutz Gottes.

Das tat ich auch mit meinen Freunden Hannes und Erika, als wieder ein Grenzübergang vor uns lag. »Herr, wir sind Botschafter in deinem Reich«, beteten wir. »Botschafter haben bekanntlich keine Grenzschwierigkeiten, sie brauchen manchmal nicht einmal Pässe!« Gott sollte uns auf praktische Art und Weise zeigen, dass wir auch Botschafter sind.

Gegen sieben Uhr früh kamen wir an die Grenze, kein Auto stand vor uns oder kam nach uns. Am Schlagbaum stand nur ein Mann in weißer Uniform, öffnete die Schranke und winkte uns durch, ohne auch nur einen kurzen Blick in unsere Ausweise zu werfen. Wir haben noch eine Handbewegung gemacht und wollten nach den Visa fragen, aber er winkte uns nur weiter, und wir fuhren tatsächlich ins Land, ohne irgendeine Grenzformalität hinter uns zu bringen. Wir waren sprachlos. Diese netten Grenzwachen in den weißen Uniformen hatten uns schon oft freundlich und unkompliziert Fahrten ins Land ermöglicht. Aber ohne irgendeine Kontrolle nach Rumänien zu fahren – das konnten wir kaum glauben. Wir jubelten und waren überzeugt, dass diese Männer in Weiß Engel waren und keine Grenzbeamten.

Wenig später erzählten wir voller Freude von diesem Wunder, aber unsere rumänischen Gastgeber konnten sich nicht freuen. Sie erstarrten vor Schreck. »Was? Ihr habt kein Visum, seid nicht kontrolliert worden? Es steht nicht in eurem Ausweis, dass ihr hier sein dürft? Bei einer Polizeikontrolle kann das tragisch sein – ihr seid doch illegal im Land! Dafür kommt ihr ins Gefängnis!«

Gott bewahrte uns vor einer Kontrolle während des Aufenthalts, aber schließlich mussten wir doch zurück nach Hause. An der Grenze würde es diesmal wohl kaum so schnell gehen wie bei der Herfahrt. Man würde uns kontrollieren und merken, dass wir unberechtigterweise – ohne Visum – im Land gewesen waren. Erika und ich bereiteten uns also auf einen Gefängnisaufenthalt vor und füllten unser Handgepäck mit Nachtzeug und rumänischen Traktaten.

Ein lieber Bruder aus Nürnberg fuhr mit uns zurück und zunächst schien alles wirklich schwierig zu sein. Der Grenzangestellte trug diesmal keine weiße Uniform und wollte unsere Erklärung für das fehlende Visum nicht glauben. Schließlich regelte ein 50-Mark-Schein alles und wir konnten ungehindert wieder nach Österreich einreisen.

Wir führten danach noch einige Hilfstransporte durch, die wir Cornel und Gavrilo zum Verteilen in den Gemeinden überließen.

Erst, als der Bischof der Gemeinden uns bat, einen eigenen Verein zu gründen und die Sachen selbst zu verteilen, wurde uns bewusst, dass die beiden Pastoren zuerst immer ihre eigene Familie bedacht hatten. Sicher hätten wir das auch so gemacht, aber wir wollten mit unserer Hilfe doch gerne noch mehr Menschen erreichen. Deshalb suchten wir eine Person, die verantwortlich für uns in Rumänien arbeiten und diese Arbeit übernehmen konnte.

Seit zehn Jahren dient Angelika Wenger nun in diesem Werk in Rumänien. Sie versorgt täglich über 150 Menschen mit Essen und leitet drei Secondhandshops. Inzwischen ist sie verheiratet und hat eine Tochter. Mit ihrem Mann Matthias wendet sie sich nun besonders der Jugendarbeit zu, und in den Gottesdiensten und Gemeindeveranstaltungen hören viele Menschen von Jesus Christus. So ist aus den ersten unscheinbaren Kontakten eine wichtige und selbstständige Arbeit unseres Missionswerks »Leben in Jesus Christus« in Rumänien geworden.

Ehepaar Wenger mit Tochter Hanna
aus Rumänien

Gottes Herrlichkeit für meine Eltern

Nach einer meiner Israelfahrten besuchte ich meine Eltern zu Hause in Innsbruck. Ich backte gerade Kekse mit meiner Mutter und erzählte ihr von meinen Reiseerlebnissen, als sie mich fragte: »Maria, wie kann man eigentlich sicher sein, dass man tatsächlich ewiges Leben hat?« Ein freudiger Schreck fuhr mir durch das Herz. Meine Mutter war eine gottesfürchtige Frau, die eine Beziehung zu Gott lebte, aber anscheinend hatte sie noch keine Heilsgewissheit. Gerne erklärte ich ihr: »Der Herr sagt in seinem Wort, dass er allen das Recht gibt, Kinder Gottes zu werden, die ihn aufnehmen.« Sofort war meine Mutter bereit, ihr Leben Jesus zu übergeben, und betete mit mir ein einfaches Gebet: »Herr, ich schaffe es ohne dich nicht. Ich glaube, dass du der Erlöser dieser Welt bist. Ich öffne dir jetzt mein Herz und mein Leben und empfange dich auch als meinen persönlichen Retter und Heiland!«

Tanzend und jubelnd sprang meine Mutter dann in der Küche herum, so sehr freute sie sich, dass Gott sie einfach aus Liebe angenommen hatte und nicht wegen ihrer religiösen Leistungen.

Bei meinem Vater dauerte der Weg zu dieser Herzensüberzeugung viel länger. Er war treuer Katholik und konnte mit einer Entscheidung für Jesus oder einer persönlichen Beziehung zu Gott nichts anfangen. Darum glaubte er, dass ich Mitglied in einer Sekte sein müsse. Ich betete aber viele Jahre für ihn und stellte mich auf das Wort: *Glaube an den Herrn Jesus, so wirst du und dein Haus selig!* (Apostelgeschichte 16,31).

Mein Papa war sehr krank, er hatte viele Jahre lang Prostata-Krebs. Seine Herzenshaltung Gott gegenüber änderte er aber nicht. Eines Tages starb meine Mutter überraschend für uns alle bei einem Unfall, und mein Vater war bereits krank und schwach durch den Krebs. Keiner von uns vier Geschwistern konnte sich rund um die Uhr um ihn kümmern, obwohl er sich das sehr gewünscht hätte. Aber wir sorgten dafür, dass ihn liebevolle Pflegerinnen rund um die Uhr umgaben und besuchten ihn, sooft wir es ermöglichen konnten. Die letzten Wochen seines Lebens verbrachte er schließlich in einem Sanatorium.

Bis zum Schluss war er lebendig in seinem Denken und bei hellem Verstand. Als ich kurz vor Weihnachten zu ihm kam, begrüßte er mich mit den Worten: »Ich habe sehr auf dich gewartet, mein Kind!« Ich ahnte, worauf Gott ihn vorbereitet hatte, und fragte ihn, ob er sein Leben mit Gott in Ordnung bringen wolle, und er bestätigte mir das. Dann fragte ich ihn: »Willst du dein Leben Jesus übergeben?« Dazu war er bereit und er wollte auch gerne ein Lebensübergabegebet nachsprechen. Von ganzem Herzen lud er mit einfachen Worten Jesus in sein Leben ein, und ich konnte in seinen Augen neu das Licht und die Liebe Gottes einziehen sehen.

Wenig später bedankte sich mein Vater herzlich bei mir und verabschiedete sich. Er schloss die Augen und atmete tief aus. Mir kam der Gedanke: »Er will jetzt sterben.« Mein Vater war ein Versicherungsmann. Er hatte sich gegen alles versichert, und jetzt war auch seine Versicherung für die Ewigkeit abgeschlossen, daher wollte er nach Hause gehen. Ich wartete einige Zeit und sagte: »Papa, bist du noch da?« »Ja«, antwortete er. Ich fragte: »Papa, willst du jetzt sterben?« »Ja«, seufzte er, »aber es geht nicht.« »Papa, du musst warten, bis Gott dich ruft«, meinte ich. »Warum willst du gerade jetzt sterben?« Er seufzte noch einmal. »Ich möchte gerne, dass du bei mir bist, wenn ich sterbe.« Zuversichtlich sprach ich ihm zu: »Papa, da können wir beten, dass Gott es so führt.« Das taten wir auch, bevor ich mich verabschiedete.

Einige Tage später erhielt ich einen Anruf, schnell ins Sanatorium zu kommen, weil unser Vater im Sterben lag. Ich eilte nach Innsbruck und traf meine Schwester an, die völlig aufgelöst war und mich bat, die Sterbebegleitung allein zu machen. Auch mein Bruder war so erschöpft von den vielen Nachtwachen, dass ich schließlich allein am Bett meines Vaters saß.

Sehr unruhig warf unser Papa seinen Kopf im Fieber einer Lungenentzündung von einer Seite auf die andere. Es war ein Todeskampf, und ich konnte nichts tun, als betend an seinem Bett zu sitzen und seine Hand zu halten, denn er reagierte nicht auf meine Fragen.

Ich bekam eine Ahnung davon, dass es am Ende unseres Lebens die Entscheidung darüber gibt, wohin wir nach unserem Tod gehen werden, und war sehr dankbar dafür, dass mein Vater in seinen letzten Lebenstagen diesen Weg in die Ewigkeit mit Jesus losgehen durfte. Ich sprach diese Gewissheit der Macht Gottes über seinem Leben laut aus und verwies alle bösen Mächte, die jetzt noch um ihn kämpften, auf den Platz, den Jesus ihnen zuteilen würde.

»Papa, jetzt kannst du deine Seele und deinen Geist in die Hände Gottes geben. Du wirst aufgenommen in der ewigen Herrlichkeit!«, sprach ich dem Sterbenden zum Schluss noch zu. Er machte noch zwei Atemzüge und dann war er gestorben.

Sobald mein Vater in die Hände Gottes gegangen war, erkannte ich, dass dieser Vater es gewesen war, der mich mit seiner Ablehnung immer wieder in die Arme Gottes getrieben hatte. Damals hatte mir das sehr wehgetan, aber Gott hatte diese Situation genutzt, da ich mich so immer wieder auf ihn verlassen musste. Somit war mein Vater sein wertvollstes Werkzeug in meinem Leben.

Lebensübergabegebet

Herr Jesus Christus, ich glaube, dass du der Sohn Gottes bist und der Erlöser dieser Welt.

Ich glaube, dass du gekommen bist, um für mich zu sterben, damit ich leben kann.

Herr Jesus, ich brauche dein Leben. Ich öffne dir mein Herz und mein ganzes Leben, und ich lade dich ein: Komm als mein Erlöser, komm als mein einziger Herr und Meister und führe mich in die Wahrheit, die mich frei macht. Ich will in deinem Lichte wandeln.

Erfülle mich mit der Liebe, die mich heilt, und mit dem Leben, das mich erfüllt.

Ich bitte dich, Herr Jesus, öffne mir auch die Augen und Ohren des Herzens für dein Wort und lasse mich wachsen, damit ich deinen Charakter widerspiegele. Ich danke dir, dass du mich jetzt erhört hast und dass du das gute Werk, das du in mir begonnen hast, auch vollenden wirst.

Danke, Herr Jesus. Amen.

Wenn ich jetzt auf meine Ehe zurückblicke, würde ich noch mehr Zeit und Einsatz in unsere Beziehung investieren. Obwohl wir meistens 24 Stunden beieinander waren und nur sehr selten getrennt waren, wurde unsere Beziehung nie langweilig, und es floss immer Leben.

9 Abschied von Herbert

Diagnose Krebs

Herbert war ein beweglicher Mann, der aber gleichzeitig auch sehr ordentlich und organisiert war. Ich wurde einmal von jemandem als eine «Steckdose, die Funken in alle Richtungen sprüht» beschrieben, die »kanalisiert« werden müsse, und das ist Herbert gelungen. Er hat mich in geordnete Bahnen gebracht.

Wir beide fanden es sehr wichtig, dass unsere Beziehung (nach der Beziehung zu Gott) an erster Stelle bleibt. Im ersten Jahr unserer Ehe beteten wir, dass Gott uns für unseren Lebensabend ein Häuschen schenkt, sodass wir uns selbst versorgen können und niemandem zur Last fallen. Wir wollten ein Haus mit schöner Aussicht und kleinem Garten in sonniger Lage und mit ca. 150 qm Wohnfläche – und alles für wenig Geld. Zwei Jahre vor Herberts Heimgang durften wir tatsächlich ein solches Haus in Imst erwerben.

Unser neues Heim war ein Geschenk Gottes, und das erste Jahr stellten wir es Freunden zur Verfügung, die dort Urlaub machen wollten, später bauten wir es aus und um, und dort entstand die erste Zelle für unseren Dienst in Imst.

Ich hatte meinen Neffen und Nichten versprochen, dass ich sie zu ihrer Matura auf eine USA-Reise begleite. Herbert erinnerte mich an mein Versprechen, und ich löste es ein, doch leider konnte er nicht mitkommen. Es war wunderbar zu spüren, wie man über Tausenden von Kilometern entfernt miteinander verbunden sein kann. Er hatte unseren Reisekalender und wusste über unsere Reiseroute Bescheid, doch nicht über die exakten Uhrzeiten. Trotzdem läutete des Öfteren das Telefon, wenn ich gerade bei Freunden ins Haus eintrat, und Herbert war dran! Er sagte, er habe es gewusst, da eine Stimme ihm gesagt hätte, dass wir jetzt ankämen. Noch nie hatten wir diese Einheit so intensiv erlebt wie in diesen drei Wochen!

Nach dieser Reise sollten uns drei intensive Seminarwochen erwarten. Doch als ich Herbert am Flughafen erblickte, erschrak ich, denn er hatte enorm Gewicht verloren. Auf meine Frage, ob er richtig gegessen habe, sagte er mir, dass etwas mit seinem Magen nicht in Ordnung sei. Ich drängte darauf, dass er sich untersuchen lasse, doch er wollte erst die kommenden drei Wochen abwarten. Nach dieser Zeit ging er endlich zum Arzt.

Es war der 28. Juni, unser 6. Hochzeitstag, und er wollte nicht, dass ich mitgehe, was mich sehr verunsicherte. Als er nach Hause kam, brachte er mir einen großen Strauß Rosen mit, und ich sah im Geist über seinem Herzen das Wort »Krebs«. Ich schrie nur: »Nein, Herbert!«, doch seine Antwort war: »Ja, Maria, im Endstadium.« Für mich war dieses Erlebnis wie das Fallen in ein tiefes Loch ohne Boden, bis ich in meiner Verzweiflung »Jesus!« schrie und zum Stillstand kam. Herbert sagte dann zu mir: »Maria, wir haben mit diesem Krebs bereits geheiratet! Es ist ein sehr langsam wachsender Krebs, und es ist immer zu spät, wenn man ihn entdeckt.«

Der Magenausgangsmuskel war total verkrebst, Metastasen bereits in der Leber. Er sagte dann noch: »Wir sind in den sechs Jahren unserer Ehe sehr glücklich gewesen, auch mit dem Krebs, und wir werden diesen Krebs auch weiterhin nicht zum Zentrum unseres Lebens machen, sondern Christus bleibt im Zentrum, und unsere Tage stehen in seiner Hand«.

An diesem Abend ergriff uns beide gleichzeitig ein tiefes Weinen aus dem tiefsten Inneren unseres Seins. Nicht wegen des Krebses, doch wegen jenen Stunden unseres Lebens, in denen wir uns nicht so liebten, wie es für beide beglückend war.

In jeder Ehe gibt es kleine Zwistigkeiten oder Missverständnisse, und immer haben wir uns gegenseitig vergeben, doch jedes Mal bleibt ein wenig Sand im Getriebe. Darüber empfanden wir beide »göttliche Reue«, die ein Geschenk ist. Wir spürten, wie unsere Herzen rein gewaschen wurden. Von dem Tage an verspürten wir eine Liebe, die wir vorher noch nicht gekannt hatten.

Jeder Augenblick war wichtig, jede Berührung. Wir empfanden eine ganz andere Lebensqualität und schätzten uns gegenseitig wie noch nie zuvor.

Auch bestand Herbert darauf, dass wir alles so weitermachten wie bisher und dass wir auf Gott vertrauen und auf Gott schauen. Das taten wir auch und außerdem machten wir beide ein 40-tägiges Flüssigkeitsfasten. Herbert war nie bitter oder verzweifelt und baute meinen Glauben immer wieder auf, und er war sich sicher, dass Gott keinen Fehler macht. Ich hörte immer wieder im Gebet: »Lass dir an meiner Gnade genügen.«

Herbert wurde körperlich immer schwächer, aber geistlich immer stärker. Einige Wochen vor seinem Heimgang sagte ich einmal zu ihm: »Herbert, ich weiß nicht, ob ich es schaffe ohne dich, sollte der Herr dich nach Hause holen!«

Er schaute mich sehr bestimmt an und sagte mit fester Stimme: »Maria, du schaust auf Jesus, der macht keine Fehler. Er wird dir starke Männer und Frauen an die Seite geben und du machst weiter!« Ich wusste in diesem Augenblick: Das war die Stimme Gottes, die durch meinen Mann sprach.

Anfang November 1992 hatten wir noch ein Eheseminar am

Achensee, das sehr gut besucht war. Herbert konnte nicht mehr lange sitzen und musste liegen, aber er bestand darauf mitzukommen. Er sprach dort jeden Tag noch kurze Zeit zu den Ehepaaren. Seine Worte waren geläutert und haben die Herzen tief berührt.

Einer der Mitarbeiter auf diesem Seminar hatte kurz zuvor den Befund erhalten, dass er einen Nierentumor habe und er sich operieren lassen müsse. Doch er bestand darauf, doch erst zu diesem Seminar zu kommen, um dort geheilt zu werden. Als er meinen Mann um Gebet bat, hatte dieser ein Wort der Erkenntnis: Es gab ein Gebiet, über das er Buße tun musste. Und das traf genau zu! Dieser Bruder ist umgekehrt, mein Mann hat gebetet, und er wurde geheilt und ist bis zum heutigen Tag gesund! Er und seine Frau sind noch heute Mitarbeiter in unserem Team.

Herbert hat sich trotz Verschlechterung seines Zustandes nie beklagt und war stundenlang in der Gegenwart Gottes, im Lobpreis. Je näher sein Abschied rückte, umso öfter sagte er zu mir: »Gott ist gut! Vergiss es nie, Gott ist gut, und er macht keine Fehler. Er ist der Schöpfer und wir sind seine Geschöpfe und unsere Tage stehen in seiner Hand!«.

Keine einzige Stunde verbrachte er in Selbstmitleid oder Bitterkeit, sondern er richtete sein Herz ganz auf den Willen Gottes. Jeder, der ihn besuchte, ging ermutigt wieder weg. Ich durfte wirklich erleben, wie Herbert abgenommen und Jesus zugenommen hat und konnte ihm sagen: »Herbert, es liegt eigentlich nur noch Jesus hier mit deiner Haut!« Wir konnten auch über alle Bereiche unseres Lebens sprechen und uns vergeben. So war alles bereinigt, und ich empfinde es als ein großes Geschenk, dass er sich nicht verschlossen hat, sondern dass wir über alles sprechen konnten.

Allerdings fanden wir beide eigenartig, dass wir 1992 nur Einladungen für Frauenkonferenzen für das Jahr 1993 bekamen. Wir wunderten uns, warum Gott uns nur noch zu Frauenkonferenzen einlud.

Herbert ist am 25. November 1992 in Frieden gestorben. Wir

haben vorher noch lange Zeit gebetet und gesungen, und er fragte mich schließlich, ob er sich »fallen« lassen könne. Ich dachte, für die nächtliche Ruhe, zum Schlafen, denn es war schon nach Mitternacht. Aber er meinte, um heimzugehen, und ich sagte nichts ahnend: »Selbstverständlich, Herbert, du kannst dich immer in die Hände Gottes fallen lassen.« Das waren unsere letzten Worte.

Die abgerissene Hälfte

Herbert ist nicht gestorben, er ist »heimgegangen«! Ich spürte, wie Jesus im Raum war und mich fragte, ob ich Herbert freigebe, damit er ihn heimnehmen kann. Dieses Loslassen waren mit die schlimmsten Herzensschmerzen, die ich je erfahren habe. Ich wusste in dem Augenblick, dass wir ein Fleisch geworden waren, und monatelang fühlte ich mich noch wie eine abgerissene Hälfte. Meine Seele weinte, obwohl mein Geist wusste, dass er in die ewige Herrlichkeit vorausgegangen war. Sein Weggehen hinterließ die größte Lücke in meinem Leben, die ich je erfahren habe.

Am Vorabend seines Begräbnisses war sehr schlechtes Wetter mit Stürmen, Schnee und Eis, ein sogenanntes Europatief. Ich betete: »Herr, wenn du Freude hast, dass mein Herbert bei dir ist, dann bitte lass morgen den ganzen Tag die Sonne von einem wolkenlosen Himmel scheinen!«

Die Freunde, die zum Begräbnis gekommen waren, ermahnten mich: »Maria, so kannst du nicht beten, wir haben ein Europatief!« Ich antwortete nur: »Es ist mir gleich, Gott ist größer als ein Europatief!«

Am nächsten Morgen war es bewölkt, doch um 9 Uhr brach die Sonne durch die Wolken, und es war ein herrlicher Sonnentag. Die Leute, die in ihren Pelzmänteln zur Beerdigung von weither kamen, schwitzten den ganzen Tag. Dieses Zeichen vom Himmel war für mich ein kleiner Trost, denn Gedanken wie: »Habe ich

alles getan, was möglich war? Haben die Ärzte alles getan, was
möglich war?«, schossen mir immer wieder durch den Kopf.

Eine Woche nach Herberts Tod kam ein Päckchen für mich an.
Ich öffnete es neugierig und fand erstaunt viele Kassetten mit
Lobpreismusik, die Herbert noch für mich bestellt hatte. Er wollte
nicht, dass ich in Trauer versinke, sondern dass ich aufschaue zu
Jesus, der mein Herz wieder froh machen würde.

Außerdem war noch etwas darin, und ich musste herzlich lachen, als ich das Papier öffnete. Mein liebevoller Ehemann hatte
mir auch sieben Scheren schicken lassen – für jedes Zimmer unseres Hauses eine. Er wusste genau, dass ich mir wieder die Schere
von seinem Schreibtisch ausborgen würde – denn dort hatte sie
an einem Nagel ihren festen Platz. Das Zurückbringen würde ich
aber wie üblich vergessen und beim nächsten Mal vergeblich die
Schere suchen. Herbert dachte wohl, dass es für mich besser sei,
in jedem Zimmer eine zu haben, damit es mir nie daran mangeln
würde. Ich lachte und weinte also gleichzeitig und dankte Gott
wie so oft für die große Liebe, mit der Herbert mein Leben berei-
chert hatte.

Ich entscheide mich für das Leben

Im letzten Jahr unserer Ehe waren wir nach Imst umgezogen, hatten das Haus zusammen aus- und umgebaut und uns ein schönes
»Nest« gemacht. Auch hatten wir im Haus unser Büro. Da ich nun
alleine war, musste ich mich mit der vielen Arbeit, dem ganzen
Schriftverkehr, der Buchführung vertraut machen, die sonst Herbert mit Leichtigkeit erledigt hatte.

Vor Herberts Heimgang wurde uns das Nachbarhaus angeboten und Herbert wollte es gerne für die zukünftigen Mitarbeiter
haben. Er prophezeite immer, dass das Werk »Leben in Jesus
Christus« noch enorm wachsen würde. In seinem Zustand wollte
er sich nicht mehr auf einen Hauskauf einlassen, doch er legte die

Hände auf dieses Haus und betete, dass es keinen Käufer findet, wenn es für uns bestimmt ist. Danach vergaß ich das Nachbarhaus. Immer wieder sah ich Menschen ein- und ausgehen, und als Herbert im November starb, war es immer noch nicht verkauft. Aber ich hatte keinerlei Drängen oder Gedanken, ein Haus zu kaufen.

Im Januar schickte mir Gott ein wunderbares Ehepaar aus Deutschland, das frühzeitig in Pension gegangen war und nun neue Aufgaben im Reich Gottes suchte. Heinrich und Johanna Hauter haben mich in den ersten Jahren nach Herberts Tod gut versorgt und tatkräftig dafür gesorgt, dass die Seminararbeit wachsen konnte. Ihre Hingabe und Liebe hat sehr zu meiner Hei-

Ehepaar Hauter

lung und Wiederherstellung beigetragen. Ihr dienendes Herz wurde für mich und viele andere zum reichen Segen.

Der Herr zeigte mir dann im Traum eine Lösung, wie ich das Haus erwerben konnte, ohne dass es zur Belastung wurde. Selbst mein Rechtsanwalt sowie mein Steuerberater staunten über diese wunderbare Lösung. Der Geist Gottes steht über allen Dingen! Ich hatte nun ein zweites Haus und gemeinsam machten wir weiter.

Mit großer Dankbarkeit darf ich erwähnen, dass Herbert keinen unbeantworteten Brief, keine unbezahlte Rechnung auf seinem Schreibtisch liegen gelassen hatte und ich nur einen Order hervorziehen musste, um alle Papiere zu haben, die ich brauchte.

Durch die Liebe und Gemeinschaft mit diesem Ehepaar, habe ich das erste Jahr gut überstanden und konnte mich auch der Trauerverarbeitung widmen. Ich habe mich am Beerdigungstag noch unter Tränen entschlossen, eine »frohe Witwe« zu werden, und doch musste ich Stunden mit verwirrenden Gedanken durchmachen. Es scheint einem der Tod so unwahrscheinlich und man kann es noch nicht fassen und auch kaum glauben. Immer wieder, wenn das Telefon läutete, glaubte ich, er riefe mich an!

Nach einigen Monaten fiel mir auf, dass ich es am Grab kaum aushielt und es mich immer wieder wegtrieb, wenn ich einmal hinging, was selten genug vorkam. Ich fragte den Herrn, warum ich so empfände, und er antwortete, dass ich die letzte Endgültigkeit, dass wir uns hier auf Erden nie mehr sehen werden, noch nicht angenommen hätte. Dieses Grab war für mich der Beweis der Endgültigkeit, dass es kein Wiedersehen auf dieser Welt mehr gibt, somit wollte ich nicht dort sein.

Eines Tages habe ich mich bewusst dem Schmerz des endgültigen Abschieds von Herbert in dieser Welt gestellt und blieb am Grab und weinte so lange, bis keine Tränen mehr kamen. So ließ ich ihn und jede Hoffnung mit jeder Faser meines Seins endgültig los. Am Ende sah ich ein frisch gepflügtes Feld mit einem kleinen grünen Pflänzchen, und ich wusste, dass ein neues Leben beginnt.

Ein Jahr gewährte ich meiner Seele Trauerzeit. In diesem Jahr musste ich mich jeden Tag entschließen zu leben, denn es war immer unser Wunsch gewesen, gemeinsam zu sterben. Immer wieder musste ich mir selbst klarmachen: »Ich entscheide mich heute zu leben, ich entscheide mich für den Segen.« Nach einem Jahr sagte ich meiner Seele: »Jetzt ist's genug, jetzt hörst du auf zu motzen – jetzt wird wieder gelebt –, in vollem Vertrauen auf Jesus und in voller Dankbarkeit und Liebe!«

Als wir eines Tages mit unserer Gemeinde einen Ausflug nach Hoch-Imst machten, fanden wir dort ein großes Haus, das im Rohbau stand. Als wir hineingingen, sagte Herbert ganz plötzlich: »Herr, dieses Haus nehmen wir ein für das Reich Gottes als ein Zentrum des Lebens.« Meine Reaktion war: »Herbert, viele Schuhnummern zu groß!«
Er meinte nur: »Nicht jetzt, aber in Gottes Zeit!«

10 Häuser des Lebens und Gebets

Das Haus des Lebens

Zur Stadt Imst hatten wir noch keinerlei Beziehung, außer dass es dort liebe Geschwister gab, die wir öfter besuchten. Überraschenderweise haben wir unser erstes Haus auch in Imst gekauft, und immer mehr Menschen hatten einen Eindruck über dieses besagte Haus in Hoch-Imst. Es war ganz überwältigend, wie vielen Menschen gezeigt wurde, dass Gott dort ein geistliches Zentrum haben möchte! Ich traf mich dann mit dem Besitzer dieses Hauses und wir einigten uns über den Kaufpreis. Alle unsere Freunde legten zusammen und in kurzer Zeit hatte ich den Kaufpreis zusammen. Als es dann zum Abschluss des Vertrages kam, waren die Zahlungsbedingungen jedoch so, dass wir es mit unserem Gewissen nicht vereinbaren konnten. Das war für mich ein großer Test und ich stellte sogar mein »Hören« auf Gottes Stimme infrage und wusste nicht mehr, was ich denken soll. Während dieser Zeit fastete ich und suchte Rat bei meinen geistlichen Eltern, denen ich vertraute. Sie versicherten mir, dass Gott mir seinen Weg weiterhin weisen würde.

Die Nachbarn von diesem besagten Haus hörten von meiner Misere und fragten mich, ob ich ihr Haus kaufen wollte! Es handelte sich um ein schönes Apartmenthaus in gutem Zustand und schöner Lage, doch leider viermal so teuer. Ich fragte den Herrn, was ich tun sollte, und er sagte mir: »Ich gebe dir ein geistliches Baby, und in welches Bett du es legst, ist deine Sache! Mich interessiert das Gedeihen des Babys.« Da wusste ich, dass Gott nicht an Häuser gebunden ist, sondern an die Sache, die in den Häusern geschieht, und habe mit der Familie des Apartmenthauses einen Vertrag abgeschlossen, um das Haus zu kaufen. Wiederum bekam ich die Gewissheit in mein Herz: Was Gott bestellt, er auch bezahlt! Dieser Glaube wurde von Tag zu Tag damit belohnt, dass ich das Geld von allen Seiten, in allen Formen (zinslosen Darlehen, Spenden etc.) hereinbekommen habe. Wir konnten am 30. April 1997 das Haus kaufen, und zwar mit allem Inventar.

Nachdem ich die Schlüssel des Hauses erhalten hatte und in die Küche ging, um dort den Bestand zu prüfen, waren alle Kästen und Schubladen leer, obwohl wir das Geschirr mitgekauft hatten. Als ich dann zur Vorbesitzerin ging, um meine Verwunderung darüber auszudrücken, sagte sie mir: »Das war alles nicht mehr schön und ich habe es weggegeben! Mir wurde fast schwindlig, denn wir hatten in zwei Tagen ein Eröffnungsfest mit vielen Gästen angesetzt und gerade waren auch noch die Geschäfte geschlossen. Wir sammelten alles, was noch in den Apartments zu finden war, doch es war nicht genug. Einen Tag vor der Einweihung kam ein kleiner Transporter vorgefahren, der mit Kartons voll beladen war. Ein liebes Ehepaar erklärte uns, dass ein Verwandter von ihnen sein Hotel renovierte und wir von ihm das ganze Geschirr, die Gläser und das Besteck bekommen sollten! Es war ein Wunder! Wir konnten über die Treue und über die

Versorgung unseres Herrn nur jubeln. Wie klein ist doch unser Glaube!

Am Tag der Einweihung haben liebe Glaubensgeschwister auf die Steilhänge der Berge in Hoch-Imst mit Fackeln geschrieben: »Jesus lebt!« Um zehn Uhr abends holten mich meine Mitarbeiter heraus, damit ich dieses wunderbare Geschenk meiner Geschwister betrachten konnte. In dem Augenblick, als wir herauskamen, erschien der Komet »Hale-Bopp« über dem Berg und blieb dort stehen. Es war wie das Erlebnis von Bethlehem. Jesus lebt im Haus des Lebens! Wir waren alle zutiefst ergriffen und bekamen die Gewissheit, dass Gott mit uns ist.

Jesus lebt!

Wir durften in diesem Haus schon einige missionarische Lebensschulen durchführen und auch viele Seminare halten, bei denen Menschen Gott begegnet sind. Ehen und körperliche Gebrechen wurden geheilt, Beziehungen wiederhergestellt – wahrlich ein Haus der Heilung. Ich bin über die vielen Mitarbeiter sehr dankbar, die der Herr uns schon geschickt hat, um in seinem Reich mit ihren Gaben zu dienen.

Das Haus des Gebets

Viele Jahre später, 1998, hat Gott wieder zu mir gesprochen. Ich sollte ihm den schönsten Platz auf unserem Grundstück in Hoch-Imst weihen, damit dort ein Ort der Anbetung, ein »Haus des Gebets« entstehen konnte. Nachdem ich den schönsten Platz auf einem Hügel, der zwei Täler überblickte und von den herrlichsten Bergen umgeben war, gefunden hatte, weihte ich diesen Platz dem Herrn. In den nächsten Tagen teilte ich es meinem Vorstand mit. Meine lieben Freunde und Vorstandsmitglieder des Vereines, Architekt Heinz Böhne und seine Frau Barbara, schenkten mir dann 1999 zum sechzigsten Geburtstag die Pläne zu diesem »Haus des Gebets«. Ich nahm sie mit großer Dankbarkeit und Freude entgegen, legte sie auf meinen Schreibtisch und sagte: »Herr, das ist dein Haus, bitte gib uns das Startzeichen, wenn du mit dem Bau beginnen willst«. Einige Tage nach dem 11. September 2001, als in New York die Türme des World Trade Centers

Das Haus des Gebets

Ehepaar Böhne

eingestürzt waren, hat Gott zu mir gesprochen: »Jetzt fang mit dem Bau des ›Haus des Gebets‹ an.« Ich antwortete: »Herr, womöglich haben wir in einigen Wochen einen Weltkrieg oder wir kommen in eine Wirtschaftskrise ...« Er sagte nur: »Fang an!«

Es ist auch nicht sehr ratsam, im Herbst in unserer winterlichen Region mit einem Neubau zu beginnen. Doch als ich mit dem Architekten und mit dem Vorstand sprach, waren alle dafür, und wir bekamen in Kürze die Baugenehmigung und fingen an. Der Herr hat unser Gebet für einen trockenen Winter wunderbar beantwortet. Es war sogar der trockenste Winter seit 150 Jahren! Trotzdem war es kühl genug, dass der Schnee künstlich hergestellt werden konnte, liegen blieb und das Tourismusgeschäft in unserer unmittelbaren Nähe nicht leiden musste.

Der wunderschöne Bau wurde in 10 Monaten fertiggestellt und dient heute vielen Menschen zur Anbetung. Wir vertrauen, dass in absehbarer Zeit eine 24-Stunden-Gebetskette entsteht und dass sich dadurch viele Menschen Zeit für Anbetung und Lobpreis nehmen!

Dankbar bin ich besonders für Heinz Böhne, den Architekten, ohne den unser »Haus des Gebets« nicht hätte entstehen können. Heinz – ein Mann der Tat – hat mir den Rücken frei gehalten und ist später in die Arbeit in Afrika ebenfalls sofort eingestiegen. Es war eine Wonne, mit ihm auch andere Projekte zu entfalten, denn wir waren uns eins in unseren Plänen.

Heinz wurde so für mich zu einer Säule unserer Arbeit, und es war für uns alle ein großer Schock, als er am 1. Mai 2005 vom Herrn in die ewige Heimat abberufen wurde. Das Band der Liebe mit Barbara und ihren Kindern ist aber umso stärker geworden.

Erlebnisse von Menschen in unseren Seminaren

An dieser Stelle möchte ich stellvertretend für die vielen Tausend Menschen, die schon unsere Vorträge und Seminare besucht haben, einige zu Wort kommen lassen, die berichten, was sie dort erlebt haben und wie Gott ihr Leben verändert hat:

Von einem Ehepaar

Der Mann: Ich habe auf diesem Seminar Jesus mein Leben neu gegeben. Für mich war das eine wichtige Entscheidung, denn ich will meiner Familie als Haupt und Vater in rechter Weise vorstehen. Außerdem ist die Mauer um mein Männerherz so gut wie komplett eingestürzt. Ich freue mich auf eine intensive Berührung durch den Heiligen Geist. Das Seminar war spitze! Danke dem Herrn und den Mitarbeitern und Leitern!

Die Frau: Gott hat meine Schuld und Sünde als Ehefrau und Mutter genommen, in einem Flussbett gesammelt und ins Meer gespült. Nun gehen mein Mann und ich auf einer Schiene. Ich bin gespannt, wo Gott mit uns hinwill!

Von Klaus

Im Lobpreis hatte ich das Bild vor mir, wie Engel Gott preisen. In diesem Moment kam mir der Gedanke: »Wenn du die Augen öffnest, wirst du noch etwas viel Großartigeres sehen!« Als ich die Augen öffnete, sah ich meine Mitschwestern und Mitbrüder im Lobpreis. Mitten in meiner Überraschung sprach der Herr mit stolzer Stimme zu mir: »Siehe, meine Kinder!« Zum ersten Mal verstand ich unseren Stand in Christus.

Von Susanne

Nach dem Lebensseminar kam ich als total veränderte Frau nach Hause zurück. Das Beste daran ist, dass die Veränderung sich nicht wieder verloren hat, sondern sich fest in meinem Leben manifestiert hat. Mein Mann hat mich vor zehn Jahren als fröhliche, unbeschwerte Frau kennengelernt. Schwierige Zeiten blieben in unserem Leben nicht aus und meine Unbeschwertheit blieb auf der Strecke. An diesem Wochenende ist mir eine unglaubliche Lebensfreude zurückgeschenkt worden! Es ist noch gar nicht lange her, da hat mir mein Liebster gesagt, dass ich wieder viel fröhlicher sei, und so richtig ansteckend, was meine Lebensbejahung betreffe … Maria, durch deinen Dienst als Referentin hat mich der Herr angerührt und so einiges in Bewegung gebracht! Derzeit bin ich gerade dabei, meine Berufung zu entdecken und zu prüfen, inwieweit ich sie in unserer Gemeinde einbringen kann.

Von Sabina

Was war? Ständige Anklage: Kann dich Gott noch als Geschiedene gebrauchen? Ist es richtig, dass du die Scheidung eingereicht hast, hast du Gott da nicht falsch verstanden? *Was hat dich berührt?* Gott bestätigte mir meinen eingeschlagenen Weg. Er sagte mir nochmals durch zwei verschiedene Seelsorger: »Geh deinen Weg!«
Was hat der Herr getan? Was hat sich geändert? Er hat mich

aufgerichtet, er hat mir gesagt: »Du bist gerecht in mir, ich kann dich auch als geschiedene Frau gebrauchen. Ich bin dein Bräutigam. Habe keine Angst, schaue auf mich.« Alle Berge vor mir haben sich in nichts aufgelöst. Die tiefe Traurigkeit, das tiefe Dunkel sind gewichen.

Wozu hast du dich entschieden? Ich weise jede Anklage zurück. Ich lasse mich nicht mehr durch gut gemeinte Ratschläge verwirren. Ich gehe mit Jesus zusammen in alle Verhandlungen. Ich sage »Ja« zu diesem Weg.

Was sagst du zu Jesus? Vergib mir, wo ich mich anklagte und alle deine Zeichen, die du mir selbst gabst, hinterfragte und bezweifelte. Danke für deine Gnade, deine Geduld und deine überfließende Liebe zu mir. Ich preise dich, ich möchte ein Zeugnis und eine Ermutigung für andere Frauen in ähnlichen Situationen sein – zu deiner Ehre! Herr Jesus Christus, gebrauche mich!

Von Carmen

Bei der Aufforderung im Seminar, zu Anfang dieses Jahres ein Opfer zu geben, hatte ich statt Geld spontan meinen wertvollen Goldring eingeworfen (das war kein Versehen!). Daraufhin habt ihr gebetet, dass speziell der »Ringgeber« gesegnet werden sollte und einen noch schöneren und wertvolleren Ring erhalten sollte. Zwei Monate später erhielt ich einen Heiratsantrag und einen wundervollen Diamantring von meinem zukünftigen Mann. Halleluja!

Von Wolfgang

Mein Herz hüpft vor Freude, wenn ich daran denke, wie lieb mich Jesus hat. Gott hat mir ein ganz neues Leben geschenkt und eine neue Beziehung zu meiner Frau und den Kindern. Auch eine neue Beziehung zu Jesus. Zum ersten Mal in meinem Leben weiß ich, dass Jesus nicht mein Programm oder mein religiöses Getue will, sondern dass er mit mir eine persönliche

Beziehung haben möchte. Er hat mir auch gezeigt, dass ich nichts leisten muss, sondern dass alles, was Jesus für mich hat, ganz umsonst ist. Ich war wie der verlorene Sohn, aber Jesus hat mir seine Hand gereicht, und ich durfte sie ergreifen. Nun will ich wieder in die Gemeinde eintreten und beim Umbau des Gemeindehauses dabei sein. Eines nur fällt mir noch schwer, und zwar in Gedanken treu zu sein. Aber auch dieses Problem ist nicht so schwer, als dass Jesus es nicht schafft. Ich vertraue und schaue auf ihn und darauf, dass er mir hilft, treu zu sein, vor allem in den Gedanken. Jesus in mir wird es schaffen, auch wenn meine eigene Kraft zu klein ist, er lässt mich nicht im Stich!

Von Carol

Vor dem Seminar war ich voller Stolz, Skepsis, Trauer, beladen mit Ängsten und Unsicherheiten. Vorher habe ich viel versucht, um mich selbst zu finden und um glücklich zu sein: Yoga, Therapien, Psychosomatische Klinik, Selbsthilfe-Gruppen usw. Im Seminar habe ich mein Leben Jesus übergeben und erfahren, dass ich ein teuer erkauftes, geliebtes Kind Gottes bin. Nun bin ich voller Frieden, Glück und Ruhe. Mein Leben hat jetzt einen anderen Rahmen bekommen, ich kann anders auf Menschen zugehen und bin voller Liebe. Wenn die Finsternis in meiner Seele sich wieder einmal meldet, weiß ich, dass ich mit allem Kummer zu Jesus gehen kann!

Von Silke

Ich möchte gerne ein Zeugnis davon geben, dass Gottes Wirken nicht immer nur das Großartige, Euphorische und Überschwängliche sein muss, sondern dass Gott auch auf einer ganz anderen Ebene wirken kann: leise, fein, sanft, offenbarend und aufdeckend. Der Herr hat mir auf der Konferenz gezeigt, dass ich den Weg von »Schlecht« zu »Schlechter«, um dann zum »Besser« zu kommen, noch vor mir habe, und ich werde mir dessen immer mehr bewusst. Ich habe mich erst vor ca. drei Jahren zu Christus hingewendet, und seitdem ist er dabei, meine eisigen und gestählten Blockaden zu lösen und eine Schicht nach der anderen abzulösen.

Ich leide sehr stark unter einer Co-Abhängigkeit sowie massiven Essstörungen (Bulimie) und erlebe meine innere Unfähigkeit, Gottes Liebe zu empfangen und aufzunehmen, mehr und mehr als große Pein. Ich habe starke Sehnsucht nach ihm und nach wahrem Leben, aber in mir herrschen noch so viel Automatismen des Selbstschutzes, die mich blockieren.

Mir ist auf der Konferenz in meinem Herzen so klar geworden, dass ich das lebendige Wasser wirklich brauche und dass ich ohne das wahre Leben nicht existieren kann. Ich überlebe nur noch irgendwie, aber ich lebe nicht. Ich komme (endlich) immer mehr an das Ende meiner Kraft und meines Tuns.

Jesus hat auf der Konferenz meine dort erneut ganz schwer ausgebrochene und sichtbare Co-Abhängigkeit genutzt, um mir zu zeigen, wie schlimm es mit dieser Abhängigkeit steht und wie wenig ich sie auch mit den besten Vorsätzen in den Griff bekomme. Ich bin fast verzweifelt, weil ich diese Abhängigkeit von Menschen nicht will, den Personen aus dem Weg gehe, etc. Doch bin ich so gebunden und gefangen, dass mir die ganze Wahrheit und Hilflosigkeit dieser Sucht klar wurde. Ich befolgte den Rat einer eurer Mitarbeiter und ging in den Wald und schrie dort zu Jesus. Diese Ferne von ihm und mein Zustand waren kaum zum Aushalten, und ich weiß, dass ich nun einen schweren, zerbrechenden Weg vor mir habe. Endlich kann ich Ja zu ihm sagen, weil ein Leben ohne Jesus so schlimm und quälend geworden ist und die Sehnsucht nach Jesus größer ist als meine Angst.

Ich danke dem Herrn sehr, dass er mich so tief hinunterführt und ich erkenne, dass ich Jesus vertrauen kann. So muss ich mich endlich nicht mehr auf meine Mechanismen und früher benötigten Überlebensstrategien verlassen, sondern werde endlich bereit, loszulassen und das Risiko einzugehen, neue Wege zu beschreiten.

Ich weiß noch nicht, wie dieser Weg aussehen wird, was auf mich zukommen wird, aber ich weiß, dass ich ihn gehen will.

Afrika war eigentlich ein Kontinent, der mich weder berührte noch interessierte. Im Jahr 1994 lernte ich den Afrikamissionar Ernst Sievers kennen, der mir sehr viel über Afrika erzählte und mich dorthin einlud.

11 Anfang in Afrika

Ankunft

Pater Ernst Sievers war zu dieser Zeit der Leiter der Katholisch-charismatischen Erneuerung in Uganda und hat in Katikamu, in der Nähe von Wobulenzi, das Emmaus Center aufgebaut, ein geistliches Erneuerungszentrum. Ich war dann im Jahr 1995 das erste Mal dort zu Besuch.

Es war Mitternacht, als wir im Emmaus Center ankamen, und wie so oft gab es keinen Strom, nur schwaches Mondlicht. Ich wurde von einer großen Gruppe von sehr schwarzen Afrikanern empfangen, und unter diesen Lichtbedingungen sah ich eigentlich nur viele Zähne und große Augen. Ich hatte einen echten Kulturschock! Ich ging dann in mein Zimmer und sprach mit dem Herrn: »Jesus, mit dieser Herzenseinstellung nehme ich am besten das nächste Flugzeug und fliege wieder nach Europa, denn so kann ich hier nicht dienen. Bitte schenke mir Liebe für diese Menschen!«

Die ganze Nacht verbrachte ich im Halbschlaf und sah mich vor einem riesigen Betongebäude, ähnlich einem großen Einkaufszentrum, allerdings ohne Türen, ohne Fenster, ohne Kamin. Das war Afrika für mich! Es war mir völlig fremd und ich hatte keinen Zugang zu diesem Land. In den Morgenstunden sah ich, wie sich dieser ganze Betonklotz in eine Staubwolke auflöste, und ich wusste, dass etwas Übernatürliches in meinem Herzen geschehen war. Als ich dann den Afrikanern beim Frühstück begegnete, spürte ich eine gewaltige Liebe in meinem Herzen. Bis zum heutigen Tag darf ich sagen, dass Gott mein Gebet beantwortet hat.

Der erste Besuch in Afrika war für mich ein prägendes Erlebnis. Einige Tage nach meiner Ankunft sah ich bei einem wunderbaren Lobpreis- und Anbetungsabend eine schwarze und eine weiße Hand, die sich wie bei einem Bundesschluss festhielten und sich über dem Thron Gottes begegneten. Ich war davon tief ergriffen und wusste, dass Gott zwischen Schwarz und Weiß etwas vorhat und dass wir uns gegenseitig zum Geschenk, zum gegenseitigen Segen und zur Bereicherung gemacht sind.

Das Logo von »Vision für Afrika«

Auch habe ich in diesem Monat etwas bekommen, was viele Menschen kennen, die nach Afrika gehen: die unheilbare Krankheit – den Bazillus der Afrikasehnsucht! So viele, die nach Afrika kommen, werden von einem Heimweh ergriffen, das sie immer wieder dorthin zieht.

Bei diesem ersten Besuch war ich auch von den vielen Kindern und von ihrer Armut sehr berührt. Viele können nicht zur Schule gehen, weil das benötigte Schulgeld und Sonstiges nicht vorhanden ist.

Da ich meinen Herrn schon so gut kenne, weiß ich: Wenn er nicht spricht, handle ich nicht. Darum habe ich nur gefragt: »Was willst du? Was ist mein Auftrag, den du mir in dieser Sache gibst?« Er zeigte mir ein Mädchen, das in einer sehr schlechten Familiensituation lebte, und dieses Mädchen habe ich angefangen zu unterstützen. Aber dabei blieb es nicht! Es kam zu regelmäßigen Besuchen in Afrika, manchmal bis zu zweimal jährlich.

Geschenke Gottes

Zu meinem 60. Geburtstag erhielt ich viele Glückwünsche und Geschenke.

Auch einen besonderen Anruf von einer Freundin, die mir herzlich gratulierte und dann meinte: »Ich habe von Gott im Gebet gehört, dass ich dir zum Geburtstag einen neuen BMW schenken soll.« Ich fand das sehr überraschend und antwortete: »Aber ich bin doch Missionarin, ich kann doch keinen BMW fahren!« Sie blieb aber fest bei ihrer Meinung und fragte: »Willst du dich Gottes Willen widersetzen?« Erstaunt fuhr ich fort: »Nein, natürlich nicht!« Sie sagte trocken: »Na, dann sag wenigstens Danke!« Ich bedankte mich von Herzen und tatsächlich stand drei Wochen später der BMW vor der Tür. Ich fahre ihn immer noch und genieße bei den langen Fahrten zu meinen Vorträgen in Deutschland, Österreich und der Schweiz die Bequemlichkeit dieses Wagens, durch die Gott mir hilft, ausgeruht und mit frischen Gedanken zu den Menschen zu sprechen.

Auch wurde ich einige Male bereits zu wunderbaren Urlauben eingeladen, zum Beispiel einer Mittelmeerkreuzfahrt und vielen USA-Aufenthalten. So erlebe ich immer wieder, dass Gott wirklich für alles sorgt und dass er weit mehr tun kann, als wir uns vorstellen oder erwarten und erbitten.

Ein anderes Mal erlebte ich Gottes wunderbare Versorgung, als ich auf einem Frauenfrühstück in Baden-Baden sprach. Eine gut gekleidete Frau kam etwas verspätet zu dem Treffen. Weil der Saal bereits gut gefüllt war, setzte man sie ganz nach vorne, an meinen Tisch. Sie beugte sich zu meiner Begleiterin und fragte, wo denn die Maria Prean sitze. Als sie hörte, dass sie direkt mir gegenüber gelandet war, sagte sie überrascht: »Vor Jahren schon habe ich Kassetten von Ihnen geschenkt bekommen und sie immer wieder gehört!« Wir kamen ins Gespräch, und ich erfuhr, dass sie eine Modellschneiderei in Baden-Baden hatte und die Vorträge schon fast auswendig kannte. Meine Worte hatten ihr in schwierigen Lebenssituationen sehr geholfen, und nun drängte sie mich, sie in ihrem Atelier zu besuchen, weil sie eine Überraschung für mich hatte.

Als es sich dann tatsächlich am Nachmittag ergab, dass wir kurz ihr Atelier besuchen konnten, war sie außer sich vor Freude. Sie erzählte mir, dass sie vor einem Jahr den Herzenswunsch verspürte, mir ein Modellkleid zu nähen. Allerdings hatte sie keine Ahnung, wie ich aussah oder was meine Größe sein könnte. So legte sie einfach die Schere an den Stoff und betete: »Heiliger Geist, ich bitte dich, führe mich!«

Sie schnitt, wie sie die Führung bekam, und nähte das Kleid. Aber als sie fertig war, wurde sie mutlos, denn wie sollte ich je zu ihr kommen? Sie hatte keine Adresse von mir und wusste nicht, wie sie mich finden konnte. Deshalb hängte sie das Kleid an einen Ständer zum Verkauf. Aber niemand wollte es haben. Als sie mich dann sah, war sie überwältigt von der Führung Gottes. Nun zeigte sie mir das Kleid: Ein Rock und eine Jacke. Als ich es anzog, staunten wir beide, denn es passte wie angegossen. Die Näherin wurde sehr bestätigt, der Führung des Geistes Gottes weiter so zu vertrauen, und ich wurde wieder einmal beschenkt und war sprachlos!

Einmal erlebte ich sogar, wie Gott das Geld für uns vom Himmel fallen ließ: Bei einer unserer großen Konferenzen hatten wir uns finanziell so verausgabt, dass wir schon zu Beginn nicht mehr wussten, wie wir alles bezahlen sollten. Nun standen wir am ersten Tag mit den Sprechern im Hotel und wollten mit ihnen zum Essen ausgehen, aber wir hatten kein Geld dafür.

Mein lieber Bruder Hannes ging vor das Hotel und fand am Rande des Gehsteigs 200 DM. Niemand war in der Nähe, so brachte er es zur Rezeption. Aber die Empfangsdame sagte: »Damit kann ich nichts anfangen, wem soll ich das Geld denn geben? Es ist Ihres, Sie haben es gefunden, behalten Sie es!«

Dieses Erlebnis hat sich groß und prägend auf unseren Glauben ausgewirkt. Die Konferenz wurde ein voller Erfolg und auch finanziell wurde alles abgedeckt.

Eine große Vision

2001 war ich bei einer Konferenz im Süden Ugandas. Zwei Frauen kamen an verschiedenen Tagen zu mir. Die eine sah mich vor einem riesigen schwarzen Tor stehen, das sich von selbst öffnete und hinter dem sehr viel Licht und sehr viel Gold waren! Die zweite Frau sah über meinem Kopf einen riesigen Trichter, durch den viele Segnungen über Schläuche direkt in meinen Körper flossen. Sie strömten durch mich hindurch, in viele verschiedene Richtungen! Diese Eindrücke haben mich sehr zum Nachdenken gebracht und mein Herz fragte sich: »Herr, was tust du, was hast du vor?« Später erkannte ich, dass Afrika die große schwarze Türe war, die sich mir von selbst öffnete!

Dann erlebte ich das Sprechen Gottes bei einer Gebets- und Fastenkonferenz in Kampala, die von der World Trumpet Mission unter der Leitung von John Mulinde organisiert wurde. Der Herr hat mich auf dem dortigen Gebetsberg gefragt, ob ich ihm vertraue, dass er mir alles gibt, um 1 000 Kindern eine gute Ausbildung zu ermöglichen. Ich wusste: Wenn Gott spricht, dann versorgt er auch und vollendet, was er beginnt!

Bei der Gebetskonferenz, auf der ich die Worte
Gottes hörte

Ich sagte: »Herr, ich vertraue dir, dass du dies tun wirst!« Dann bin
ich nach Österreich zurückgeflogen und habe dem deutschen und
österreichischen Vorstand mitgeteilt, was Gott mir aufs Herz gelegt hat. Sie waren einverstanden, mit mir den Weg zu gehen. Wir
haben dann in Deutschland, Österreich und in der Schweiz einen
Verein gegründet, der »Vision für Afrika« heißt. Wir konnten es

alle kaum glauben, in acht Monaten hatten wir 1 000 Paten für arme Waisenkinder in Uganda.

Ich habe dann zwei bewährte Mitarbeiterinnen gefragt, ob sie bereit sind, nach Afrika zu gehen und dort die Verwaltung zu leiten.

Unser Vorstand, der Architekt Heinz Böhne, flog mit mir nach Afrika, und wir suchten dort eine Wohnung, kauften ein Auto und trafen die nötigen Vorbereitungen für ein Büro in Uganda. Es war uns sehr wichtig, dass die gesammelten Gelder direkt von uns an die Schulen bezahlt werden. Auch wollten wir uns ganz sicher sein, dass wir keine »Geistkinder« und keine »Geisterschulen« bezahlen bzw. unterstützen. Damit meinen wir Kinder und Schulen, die gar nicht existieren.

Für mein ganzes Team bin ich sehr dankbar. Ich freue mich über den Zuwachs von treuen und verlässlichen afrikanischen Mitarbeitern.

Wir hatten gerade einen Mietvertrag über ein Jahr in der Mietwohnung in Kampala unterschrieben, als eine mir bekannte Pastorin kam und sagte: »Maria, ich habe ein Haus für dich gefunden!« Ich war überrascht und sagte ihr: »Es muss für dich sein, denn ich habe kein Geld und suche kein Haus!« Sie war sehr energisch und antwortete mir: »Du bist Gott ungehorsam! Ich habe im Gebet gehört, dieses Haus gehört dir! Schau es dir wenigstens an.«

Einige Wochen vorher hatten meine Mitarbeiter und ich für ein Anwesen gebetet, wo wir den Hauptsitz für das Werk aufbauen könnten, wo auch noch Raum für Mitarbeiterschulungen und eventuell Platz für Zubauten war, das am Rande der Stadt lag und für einen erschwinglichen Preis zu kaufen war. Eines Abends sahen wir uns das Haus am Rande der Stadt an.

Doch als wir durch das Tor fuhren, lachte ich und sagte nur: »Zehn Schuhnummern zu groß!« Es war ein wunderbares Anwesen mit drei Häusern und einem großen Garten. Ich wagte auch nicht zu fragen, wie hoch der Preis war, denn es schien mir einfach unmöglich, so etwas zu kaufen. Wir schauten uns zuerst den Garten an, doch als wir ins Haus kamen (in Uganda wird es früh dunkel), ging die Elektrizität aus, und wir sahen auch mit Kerzenlicht nichts. Wir kamen somit am nächsten Tag wieder und ich erfuhr den Preis von 150 000 Dollar. Ich war sprachlos, denn meine Vermutung war in der Größenordnung von einer Million Dollar gewesen!

Durch den eben unterzeichneten Mietvertrag von über einem Jahr ließ ich mich davon abbringen, doch die Besitzerin sagte sogleich: »Okay, ich warte!« Das war im August 2001. Zu Weihnachten rief sie mich an, sie hätte einen Käufer! Daraufhin meinte ich, sie solle es bitte verkaufen, es sei dann nicht für uns! Doch dieser potenzielle Käufer sprang ab.

Wieder kam ein Anruf, sie hätte einen Mieter für 2 Jahre, ich antwortete wieder, sie solle es bitte vermieten! Wiederum kam es nicht dazu und so kaufte ich im August 2002 das Anwesen für 110 000 Dollar. Selbst meine afrikanischen Freunde staunten über diesen guten Preis! Das Anwesen in Nateete war lange unser Wohnsitz und beherbergte die Verwaltung von Vision für Afrika. Derzeit wird es in ein christliches Gästehaus umgebaut. In meinem ganzen Leben bin ich noch in keiner Nation so viel Wohlwollen begegnet wie in Uganda. Wir bekommen Kontakte, indem die Menschen auf uns zukommen. Wir müssen uns nicht einmal um sie bemühen!

Bei einer Schulhauseinweihung wurde ich durch Freunde der Königin von Buganda vorgestellt. Nach einer Terminvereinbarung trafen wir uns und unsere Herzen haben sich gefunden. Mittlerweile bin ich im Vorstand ihres Werkes, das sich um behinderte Kinder kümmert, besonders um Mädchen.

Der Dienst im Gefängnis

Durch meine besten Freunde in Afrika, Robert und Margret Ssekkide, lernte ich den Erzbischof der Anglikanischen Kirche von Uganda kennen. Wir haben uns lange unterhalten. Er bat mich, ihm mit den vielen Waisenkindern zu helfen, die ihm einfach ins Haus gesetzt wurden. Das wollten wir gerne tun. So unterstützten wir ihn beim Bau eines Waisenhauses, um ein bleibendes Zuhause für viele Kinder zu schaffen.

Der Erzbischof ist ein liebevoller Vater und sich auch als mächtigster Mann der Anglikanischen Kirche von Uganda nicht zu gut, mit den Waisenkindern manchmal Fußball zu spielen oder ihnen eine Gutenachtgeschichte zu erzählen.

Nachdem Bischof Koyoyo aus Altersgründen seine Arbeit niederlegte, beteten wir um einen noch besseren Mann an der Spitze. Gott erhörte uns, und an einem gemeinsamen Nachmittag im Büro des neuen Erzbischofs Orombe erzählten wir uns gegensei-

Chris (Todeskandidat) und ich

tig unseren geistlichen Werdegang. Am Ende sagte er: »Gott hat dich nur für mich nach Uganda gebracht, Maria. Bitte hilf mir, dieses Land in einen besseren Ort zu verwandeln!« Mir war schleierhaft, wie ich so etwas tun konnte. Er traute mir aber mehr zu: Ich sollte mit meinem Team von jetzt an in den Gefängnissen in Uganda Gottesdienste und Bibelstunden abhalten und dort beginnen, das Reich Gottes zu bauen.

Nach diesem Nachmittag bat ich Gott um seine Führung. Ich hatte keine Ahnung, wie ich die Arbeit beginnen sollte und was ich machen konnte. Im Gebet wurde mir klar, dass wir dort anfangen mussten, wo der »Schuh am meisten drückt«. Daher erkundigte ich mich und fand so immer mehr über die Gefängnisse in Uganda heraus.

Im größten Gefängnis von Kampala herrschte ein Mangel an Bettdecken, Waschschüsseln, Zahnbürsten, Zahnpasta und Schreibmaterial. Also brachten wir 2 000 Schulhefte mit Stiften und viele Tausend Hygieneartikel in das »Upper Prison«. Dann gingen wir persönlich ins Gefängnis und fragten, ob die Gefangenen sich zu Jüngern Jesu ausbilden lassen wollten, und viele waren begeistert. So begannen unsere regelmäßigen Bibelstunden mit Abschlussprüfungen und Zeugnisverteilung am Schluss, und wir konnten wirklich sehen, wie diese Männer sich vor unseren Augen in Männer Gottes verwandeln. Auch brachten wir eine Gitarre und einheimische Instrumente sowie Farben und Decken für die Gestaltung der Gebetsräume mit. Es entstand ein inniges Verhältnis zu diesen Menschen.

Besonders die zum Tod verurteilten Männer, die Jesus ihr Leben gegeben haben, sind eine lebendige Gemeinschaft mitten im Todestrakt, an der wir teilhaben dürfen. Ihr ansteckender Lobpreis und die fröhlichen Gottesdienste zeigen uns und den Besuchern immer wieder, dass Gott sein Liebesurteil über die Männer gesprochen und sie in eine innere Freiheit geführt hat, die ihnen nur der Heilige Geist selbst schenken kann. »Das Beste, was mir passieren konnte, war, ins Gefängnis zu kommen und dort Jesus zu finden!«, bekannte einer der Todeskandidaten und strahlte über das ganze Gesicht. Mein Herz jubelt vor Freude über dieses Bekenntnis, und die Bibelstunden und Gottesdienste sowie der Jüngerschaftskurs sind eine Freude für alle Mitarbeiter bei »Vision für Afrika« in Uganda. Inzwischen haben wir gute Erfahrungen mit dem »Alpha-Kurs« gemacht, der auch in Gemeinden in Europa und den USA bekannt ist.

Im ersten Jahr unseres Dienstes im Gefängnis hatte ich einmal die Eingebung, den Todeskandidaten zu sagen, dass viele von ihnen noch volle Gnade finden werden und ihre Zeit im Todestrakt zu einem Ende kommen wird. Sie seien jetzt in der »Hochschule des Heiligen Geistes«, um nach ihrer Freilassung als Botschafter des Evangeliums vielen Menschen zu dienen. Ich war selbst überrascht über diese prophetischen Worte.

Da wir bei jedem Besuch im Gefängnis von einem Wärter begleitet und auch beobachtet werden, wurde ich nach dieser »Offenbarung« zum höchsten Direktor des Gefängnisses geführt und sehr gerügt. Es wurde mir erklärt, dass ich diesen Männern falsche Hoffnungen machte, denn sie würden entweder eines natürlichen Todes oder durch Erhängen das Gefängnis verlassen, eine andere Möglichkeit gebe es nicht.

Ich versicherte ihm, dass ich selbst über die Worte überrascht war, die aus meinem Mund gekommen waren. Dann bat ich ihn, dem Herrn Zeit zu geben und abzuwarten, ob die Erkenntnisse, die Gott mir prophetisch gegeben hatte, sich bewahrheiteten oder nicht. Er alleine konnte sie bestätigen. Er warnte mich daraufhin, nie mehr solche »Versprechungen« zu machen, sonst würde ich nicht weiter im Todestrakt predigen dürfen.

Wir haben dann mit Versöhnungsarbeit begonnen. Das heißt, wir haben den Todeskandidaten geholfen, mit den Verwandten der Opfer (denn die meisten waren Mörder) schriftlich in Verbindung zu treten und um Vergebung für ihre Untaten zu bitten. Das haben viele von ihnen gemacht und auch Vergebung empfangen. Es war ein langer Prozess.

Präsident Museveni übermittelte uns durch einen Erzbischof die Botschaft, dass diese Mörder im Gefängnis sicherer waren als auf freiem Fuß, wenn sie nicht die Vergebung der Verwandten bekämen. Ansonsten würden sie bei ihrer Freilassung gelyncht.

Heute, fast zehn Jahre später, sind von den damaligen ca. 700 Todeskandidaten um die 400 entweder auf freiem Fuß oder ihre Strafen wurden in »lebenslänglich« umgewandelt. Einige dieser Männer arbeiten jetzt schon jahrelang in unserem Werk und haben sich wieder voll und ganz in die Gesellschaft eingegliedert, Familien gegründet oder sind in ihre bereits bestehenden Familien zurückgekehrt.

Ich persönlich bin nun nur noch sporadisch im Gefängnis, da unsere Pastoren und Mitarbeiter den Dienst übernommen haben, der sich mittlerweile auf mehrere Gefängnisse im Land ausgebreitet hat.

Wir geben Gott alle Ehre für diese Wunder bei den Todeskandidaten, die sich keiner von uns vorher vorstellen konnte. Gott ist

Gefangene im Todestrakt des Luzira Prison, Kampala

gut! Viele dienen heute als Männer Gottes in ihren Gemeinden und sind Gott sogar dankbar für diese etwas ungewöhnliche Vorbereitung in der »Hochschule des Heiligen Geistes«!

Sieh dich um, alle versammeln sich und kommen zu dir. Deine Söhne kommen aus fernen Ländern; deine Töchter werden auf den Armen getragen. Du wirst es sehen und deine Augen werden leuchten, dein Herz wird vor Freude hüpfen und weit werden, wenn dir die Reichtümer der Meeresländer zufallen und die Schätze der Völker in dein Land strömen.

Jesaja 60,4-5 (NLB)

12 Richard, Angel und Patrick

Richard, mein erster Sohn

In Uganda begann ein neuer Lebensabschnitt für mich und ich kann nur immer wieder staunen, welche großen Dinge Jesus in diesem Land bewegen will. Ich darf dabei sein und mit »Vision für Afrika« auf vielfältige Art und Weise Hilfe bringen. Doch auch ich selbst habe immer wieder so viel empfangen …

Der Weg in den tiefsten Busch Ugandas schien kein Ende zu nehmen. Weiter und weiter holperte unser Jeep über den unbefestigten Weg. Zu allem Überfluss hatte es nun auch noch zu regnen begonnen, und der Staub verwandelte sich langsam in eine glitschige Matschstrecke. »Wir sollten umkehren und aufgeben!«, seufzte Andrea, und auch ich konnte mich nur noch mühsam auf die Straße konzentrieren. Trotzdem ermutigte ich sie: »Wir finden die Farm des Direktors, hier muss es doch gleich sein!« Seit

Stunden schon waren wir unterwegs zum Fest des Schulleiters in Mityana, der sein Universitätsstudium abgeschlossen hatte. Jetzt hatte er uns und viele andere Freunde in sein Haus im tiefsten Busch eingeladen.

Und wirklich, kaum waren wir um die nächste Kurve gefahren, da tauchte ein Haus in der Ferne auf. Heinz jubelte: »Das muss es sein! Schaut einmal, da wird schon ein ganzer Stier über dem Feuer gebraten!«

Tatsächlich stieg uns schon aus der Ferne der köstliche Duft des gebratenen Fleisches in die Nase. Als wir ausstiegen, begrüßte uns der Schulleiter freudig, und niemand ließ sich vom Regen verdrießen, der immer noch unaufhörlich vom Himmel fiel. Wir wurden zu Ehrenplätzen geleitet, wo uns einige der Schüler begrüßten, die wir mit Patenschaften unterstützen.

Es war ein wunderbares Fest, bei dem große Freude herrschte. Viele Reden und musikalische Einlagen ließen die Zeit schnell vergehen. Am meisten beeindruckte mich aber eine Gruppe von Studenten der Schule, die sangen, tanzten, trommelten und das afrikanische Blut zum Schwingen brachten. Der Leiter der Gruppe war ein noch sehr junger Schüler und faszinierte mich durch das Feuer, das von ihm ausging. Er erfüllte seine Position mit solch einer Leidenschaft, dass ich hinterher zu dem Direktor ging und fragte, wer dieser Schüler sei. »Darüber wollte ich sowieso mit dir sprechen, Maria!«, sagte er. »Das ist Richard, er ist sehr arm, und ich muss ihn leider von der Schule ausschließen, wenn sich niemand für seine Patenschaft findet. Richard ist ein guter Junge, der fleißig lernt und noch nie Ärger gemacht hat. Er möchte unbedingt lernen und etwas aus seinem Leben machen, aber das Geld für seinen Unterricht fehlt einfach.«

»Ich werde ihn persönlich unterstützen!«, versicherte ich sofort und ging dann gleich auf die Suche nach Richard, den ich schließlich beim Einpacken der Musikinstrumente fand. »Ich habe erfahren, dass du Probleme mit dem Bezahlen deiner Schulgelder hast. Mach dir keine Sorgen mehr, denn ab jetzt werde ich dich unter-

Mama und ich in Bregenzerwälder Tracht, 1944

Hinten: Rosi, Kurt, Margot, vorne: Mama, ich, Papa

1972 in Washington

Verlobungstag, Mai 1986

Hochzeit am 28.06.1986

Herbert und ich, 1991

Mit Baby Angel

Familie Prean, 2012

Luftaufnahme vom Vision für Afrika-Gelände in Mukono

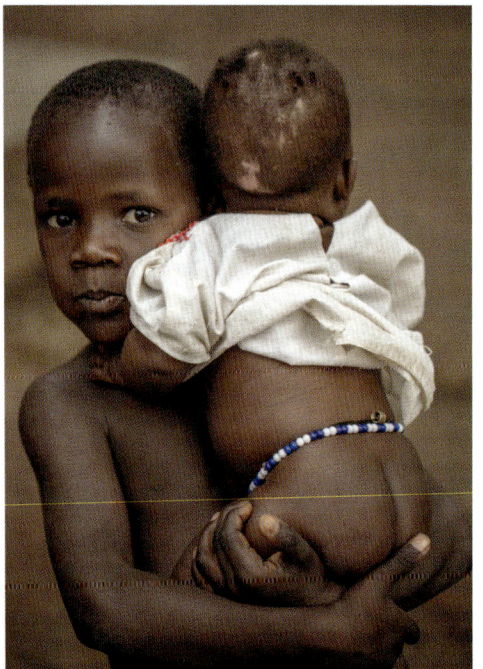

Eines unserer
Kinderhäuser

Kinder aus der Um-
gebung in Kiyunga

»Mama Maria«

Einige Rundhütten unseres Hotels »African Village«

Familie Prean, 2014

Bei einer unserer Kinderchortourneen

Die Kinder bringen Leidenschaft und Freude mit

Blick vom Gebetsberg auf den Victoriasee

Abschlussschüler unserer Volksschule in Kikondo

Mit einigen der Ältesten in Karamoja, im Norden Ugandas

Menschen in Karamoja

Die Hochzeit von Damaris und Patrick, 2015

Mein 77. Geburtstag

Familie Prean, 2017

Mit meiner ersten Enkeltochter Abigail, 2017

Meine drei Töchter – Angel, Angel und Damaris

Familie Prean und Bruni mit Adoptivenkel David, 2018

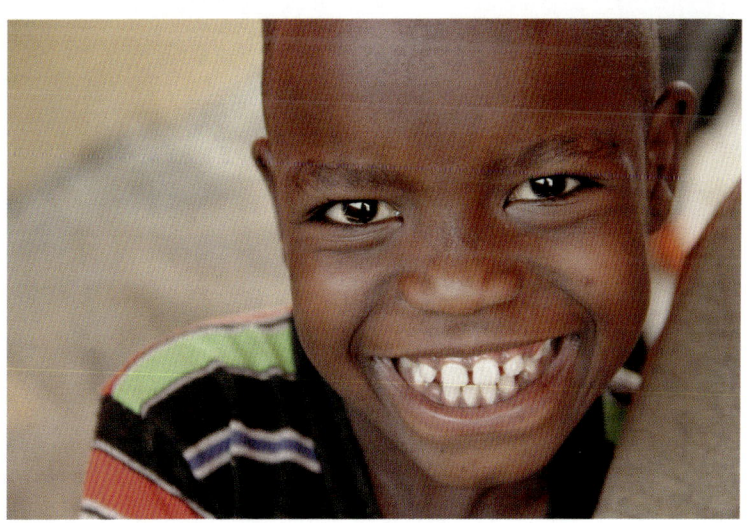

Strahlende Kinderaugen

Bei der Predigtvorbereitung, 2018

stützen!« Mit diesen Worten umarmte ich ihn und spürte sofort den Funken der Liebe Gottes, der mir Richard in besonderer Weise ans Herz legte. Gott hatte ihn in mein Leben gebracht und hatte etwas Besonderes mit ihm vor.

Richard verbrachte auch seine Ferien bei mir. Einmal bat er mich am Abend um eine Aussprache, denn er hatte etwas Wichtiges auf dem Herzen. »Mama«, fragte er, »wer bist du eigentlich für mich? Bist du mein Sponsor oder meine Mama?« Ich lächelte und freute mich darüber, dass auch der Junge die besondere Verbundenheit gespürt hatte, die Gott uns geschenkt hatte. So antwortete ich: »Ich bin deine Mama, die dich sponsert!« Richard dachte eine Weile nach und bat dann: »Ich möchte so gerne, dass du nur meine Mama bist. Bitte adoptiere mich!« Ich war erstaunt über die Offenheit und erklärte ihm, dass ich zunächst in Ruhe mit Gott über all das sprechen musste.

Im Gebet erinnerte ich mich dann an die Verheißung, die Gott mir bereits in den USA gegeben hatte, dass meine Söhne und Töchter von weit her kommen würden, und mein Herz machte einen Freudensprung. Das war es! So sagte ich Richard zu, ihn zu adoptieren, ohne zu wissen, wie schwierig das in Uganda war.

Zunächst aber veränderte sich mein Sohn auf wunderbare Weise durch die neue Sicherheit, die sein Leben gewonnen hatte. Er wurde sicher, zuversichtlich und arbeitete nun zielstrebiger denn je.

Mit jedem Jahr, das Richard bei mir lebte, wuchsen wir näher zusammen. Ich lernte sein entschiedenes Wesen und seine Geradlinigkeit lieben. Auch seine große Begabung im musikalischen Bereich war uns immer wieder ein großes Geschenk, zum Beispiel, wenn er den Lobpreis leitete.

Eines Tages, wir unterhielten uns gerade über irgendetwas, meinte er: »Ich bin äußerst geliebt, besonders bevorzugt und wunderbar gemacht!« – »Das hätten auch meine Worte sein können!«, wurde mir sogleich klar, und ich freute mich über die tiefe Herzensverwandtschaft von uns beiden.

Nach einem sehr guten Abitur in Uganda absolvierte er ein musikalisches Studium in Südafrika. Dort wurde er außerdem im Wort Gottes unterrichtet. Anschließend entschied er sich für eine Laufbahn als Rechtsanwalt und studierte an der UCU (Uganda Christian University) in Mukono.

Doch Richard sollte nicht mein einziges Kind bleiben ...

Das Engelein in meinem Leben

Am 28. September 2005 rief mich eine aufgeregte Kinderdorfmutter an. Schon seit einigen Wochen kümmerte sie sich um ein neun Monate altes Baby, das ihr von dessen Urgroßmutter ge-

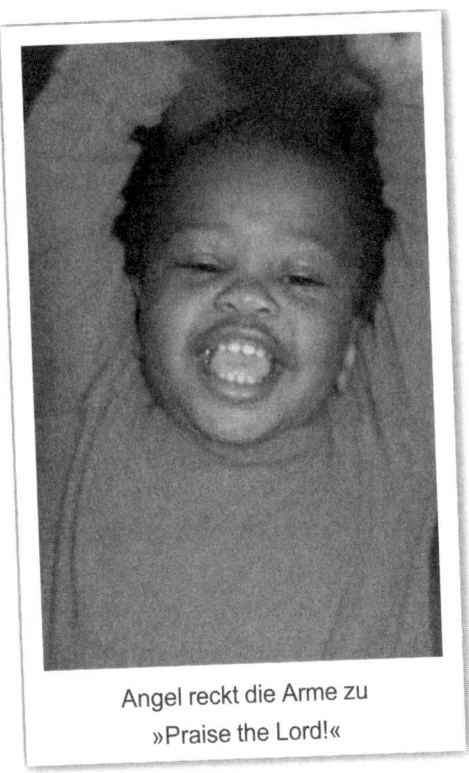

Angel reckt die Arme zu
»Praise the Lord!«

bracht worden war. Diese war so arm, dass sie keine Milch mehr für das Mädchen kaufen konnte, und nun sollte ich hinfahren und mir das Baby anschauen. Vielleicht könnte »Vision für Afrika« helfen?

Gemeinsam mit meiner Mitarbeiterin Birgit machte ich mich auf den Weg. Das Mädchen saß spielend und brabbelnd im Staub vor der Hütte, als wir ankamen, und in weniger als einer Sekunde hatte ich mein Herz an dieses Kind verloren. Ich nahm sie auf und sagte: »Mein kleiner Engel, was machst du hier so ganz allein? Schau, da bin ich, deine Mama Maria! Gott wird dir ein neues Zuhause schenken!«

Ich wagte kaum, diesen Gedanken zu Ende zu denken, aber ich wusste sofort, dass wir beide zusammengehörten. Viele Tausend Kinder wurden mittlerweile von unserer Organisation betreut – Babys und Kleinkinder, Jungen und Mädchen, Schulkinder und Studenten. Alle brauchten unsere Hilfe, und mehr als 4 000 Kinder hatten nun einen Paten in Europa, der ihr Schulgeld bezahlte. Schon oft hatten das Elend und die Armut der Kinder in Uganda mein Herz berührt, aber nun spürte ich eine ganz besondere Verbundenheit, die ich nicht mit meinem anderen sozialen Engagement erklären konnte.

Dieses Mädchen war mein ganz persönlicher Engel, ein Töchterlein, von Gott geschickt! Ich konnte mich kaum trennen, ließ aber Geld zur Versorgung des Kindes da, um erst einmal in Ruhe Gott darüber zu befragen.

Am nächsten Wochenende rief ich die Kinderdorfmutter wieder an. Ich fragte, ob die Kleine einige Tage bei mir verbringen dürfe. Sie sagte gerne zu, denn sie wusste ja, dass ich mich gut um den kleinen Schatz kümmern würde.

Als ich dieses Mal an der Hütte ankam, stand die Urgroßmutter auch da. Sie hatte das Baby auf dem Arm, das nur mit einer Windel angezogen war. Mit klopfendem Herzen näherte ich mich der Frau. Sie sah mich prüfend an und lächelte dann. Glücklich streckte sie mir das Kind entgegen und befand: »Maria, das ist deine Tochter!« Sofort fielen mir die Worte aus der Bibel ein, dass meine Töchter auf den Armen zu mir getragen würden. Dankbar nahm ich den kleinen Engel entgegen.

Mit 66 Jahren, da fängt das Leben an …

Das war am 1. Oktober 2005. Mit 66 Jahren durfte ich Mutter der kleinen Angel Kirabo werden und musste mein Leben noch einmal völlig umstellen. Tagsüber war ich vor allem für sie und ihre Bedürfnisse da, meine Gespräche und Arbeit legte ich möglichst in die Zeiten am Tag und Abend, wenn sie schlief. Bis heute ist es so, dass ich relativ früh, meist gegen 21 Uhr, mit ihr ins Bett gehe. Weil ich relativ wenig Schlaf brauche, werde ich dann oft um 2 Uhr wieder wach und habe dann meine besten und inspirierendsten Zeiten!

Während einer Anbetungszeit, die Richard leitete, Angel war damals noch ganz klein, betete er: »… and we are so thankful, dear Lord Jesus Christ, to come to you just as we are …« Das sprach mir tief aus dem Herzen. Wir müssen nichts leisten und sein, um vor Gott stehen zu dürfen. Während der ganzen folgenden Stunde, in der wir in der Bibel lasen, sangen und beteten, hörte ich Gottes Zusage an mich aus jeder Zeile: »Du bist wertvoll, einfach weil du DU bist. Mein Kind!«

Ich ließ meine Gedanken wandern: Warum liebte ich eigentlich die kleine Angel so sehr und Richard nicht weniger? Sie waren einfach meine Kinder, ich liebte sie nicht dafür, dass sie irgendetwas getan hatten oder weil sie besonders begabt oder hübsch waren. Als ich sie sah, wusste ich sofort, dass ich immer eine besondere Beziehung zu ihnen haben würde und dass Gott sie mir anvertraut hatte. Sie waren plötzlich da und gewannen mein Herz durch ihre bloße Anwesenheit. So ging es wohl auch Eltern nach der Geburt eines Kindes. Ich liebte sie, weil sie Richard und Angel waren – ohne irgendeine Bedingung.

Dass Gott, mein Schöpfer, mich ebenso bedingungslos annimmt, habe ich viel länger und schmerzhaft lernen müssen. »Oh, danke, Jesus, dass du mir letztendlich geholfen hast, diese Lektion zu lernen!«, flüsterte ich leise, bevor ich mich dann mit voller Konzentration dem Bibelgespräch widmete.

Patrick

Mein Sohn Richard hatte einen Zwillingsbruder, Patrick. Als sie sechs waren, wurden die beiden Brüder getrennt und zu verschiedenen Verwandten gegeben, weil die Mutter arm war und vier jüngere Kinder hatte, die sie irgendwie durchbringen musste.

Lange wusste ich gar nichts von dem Zwillingsbruder, doch eines Tages erzählte mir Richard von ihm. Mein Herz begann sofort wie wild zu schlagen. Keiner wusste, wie es ihm genau ging und wo er war. Aber gehörten diese beiden Brüder nicht zusammen? Wir machten uns daraufhin auf die Suche. Freunde konnten uns glücklicherweise schnell weiterhelfen, denn Patrick war auf derselben Mittelschule wie ihr Sohn. Wir fuhren also dorthin. Das Wiedersehen der Brüder war zu Herzen gehend. Immer wieder umarmten und küssten sie sich, weinten, schauten sich fassungslos an, um sich dann von Neuem in den Armen zu liegen.

Patrick ist wie Richard sehr vielseitig begabt, besonders was Musik angeht. Er hatte bereits in jungen Jahren eine Gruppe von musikalisch begabten jungen Leuten gegründet und hatte mit ihnen afrikanische Tänze, aber auch Gesänge und Trommeln geübt. Sie wurden so gut, dass der Präsident sie mehrfach einlud, um für ausländische Gäste zu tanzen und zu singen. Mit dem Geld, was sie bei diesen Auftritten verdienten, sparten sich die Bandmitglieder (zum Teil Straßenkinder) ihre Schulgebühren zusammen. Sie verzichteten auf vieles andere, nur um die Schule besuchen zu können und irgendwie weiterzukommen. Patrick hatte es daher schon selbstständig auf die Mittelschule geschafft, als wir ihn fanden. Er war 17 Jahre alt und stand kurz vor seinem Abitur.

Richard war so dankbar, seinen Bruder wiedergefunden zu haben, und bat mich, ihn in unsere Familie aufzunehmen. Das habe ich gerne getan. Schließlich hieß es ja in der Verheißung, dass »meine Söhne« – Plural – von Ferne kommen würden!

Patrick schloss seine Mittelschule ab und ging danach für ein Jahr nach Südafrika auf das Creare College, so wie sein Bruder Richard. Später hat er in Dallas, Texas, bei Christus für die Nationen studiert. Da es mir nur ein Jahr lang möglich war, sein Studium in den USA zu finanzieren, musste er wieder zurückkommen und den Rest im Fernstudium absolvieren. Er machte drei Bachelorabschlüsse: in Human Resource Management, Christlicher Seelsorge und Praktischer Theologie.

Im Dezember 2018 flogen wir als ganze Familie zu seiner Abschlussfeier nach Dallas und freuten uns gemeinsam, dass Patricks Fleiß, Disziplin und Entschiedenheit (er hatte in den Nächten studiert, da er während des Tages arbeitete) mit so guten Ergebnissen belohnt wurden.

Patrick leitet auch die Kinderchöre, mit denen wir alle drei Jahre für drei Monate nach Europa fliegen und die Tausenden von Menschen die Liebe Gottes in die Herzen »singen«! Er ist sehr vielseitig, sodass ich ihn oft ermahnen muss, nicht zu viele Eisen gleichzeitig im Feuer zu haben … Er ist ein hervorragender Landwirt, Baumeister und ein sehr gescheiter Geschäftsmann!

Da sie laut ugandischem Gesetz schon zu alt waren, konnte ich Patrick und Richard nie offiziell adoptieren, aber sie haben meinen Namen angenommen und wurden von mir immer wie adoptierte Kinder behandelt. Bei Angel war die offizielle Adoption in Uganda möglich. Seit Kurzem hat sie auch die doppelte Staatsbürgerschaft: die ugandische und die österreichische. Sie spricht fließend Englisch und Deutsch, mit einem ganz leichten Tiroler Akzent!

Die Familie wächst

Meine zwei Söhne Patrick und Richard waren schon früh von Mädchen umschwärmt, und ich betete, dass sie bald die richtige Frau fürs Leben finden würden. Zu meiner großen Überraschung kamen beide unabhängig voneinander zu mir und baten mich, jeweils ein gewisses Mädchen näher in Augenschein zu nehmen.

Die Hochzeit von Richard und Angel

Sie hätten sich verliebt, aber wollten sicher sein, dass ich diejenige auch als ihre zukünftige Frau sehen konnte.

Dieses Vertrauen freute mich sehr, doch gleichzeitig war es eine enorme Verantwortung. Ich wollte keinesfalls danebenliegen! Beide hatten jedoch einen enorm guten Geschmack und ich konnte ein volles Ja zu ihrer jeweiligen Wahl geben.

Patrick hatte sich in die liebe Salzburgerin Damaris verliebt, die bei uns als Volontärin für ein Jahr auf dem Gelände war. Und Richard entschied sich für eine junge Dame mit Namen Angel (der zweite Engel in unserer Familie!) aus Ruanda.

Damaris und Patrick erwarten ihr erstes Kind

Meine Töchter

Meiner lieben Tochter Angel habe ich öfters erzählt, dass Gott mir die Verheißung gegeben hat, dass meine Töchter auf den Armen zu mir getragen werden. Da sie mit logischem Denken schon sehr früh anfing, meinte sie bald: »Mama, der liebe Gott hat dir Töchter verheißen. Ich bin aber immer noch alleine.«

Als dann mein erstes Enkelkind Abigail, die Tochter von Richard und seiner Frau Angel, geboren wurde, war sie erleichtert und meinte: »Jetzt hat Gott seine Verheißung endlich erfüllt. Abigail ist ein Mädchen und wird auf den Armen getragen.«

Auch Patrick hat mittlerweile eine Tochter, die entzückende Zoye Liora. Obwohl er nie in seinem Leben eine intakte Familie erfahren hat, ist er ein liebevoller Ehemann und ein in seine Tochter »verknallter« Vater, hat aber trotzdem sehr gute erzieherische Prinzipien.

So hat Gott seine Verheißung mehr als erfüllt und ich habe eine große Familie: meine Söhne Richard und Patrick und meine Tochter Angel. Dazu meine Töchter Damaris und Angel (das »Schwieger...« haben wir ganz schnell gestrichen!) und meine

»Angel und ich, 2018«

beiden Enkelinnen. Wie es die Verheißung sagt, strahle ich darüber vor Freude, und mein Herz erbebt!

Unser Werk in Mukono ist in den vergangenen Jahren stark
gewachsen. Eigentlich gibt es immer eine neue Idee und irgendwo
eine neue Baustelle. Langweilig wird uns nie. Gott sei Dank!

13 Mukono, unser »Land of Hope«

Der Masterplan

Durch die Vermittlung des Erzbischofs der anglikanischen Kirche
von Uganda sind uns in Kiyunga/Mukono, einem Dorf, etwa 45
km westlich von Kampala, 65 Hektar wunderbares Land von einem reichen Afrikaner geschenkt worden. Die einzige Auflage
war, hier Gebäude zu errichten, die den Afrikanern zugutekommen würden, und genau das haben wir getan. Seit 2004 entwickelt sich das Gelände nun beständig weiter. Nie hätte ich mir am
Anfang träumen lassen, was mittlerweile alles entstanden ist! Unser Anwesen in Kiyunga/Mukono ist mittlerweile das Zuhause
und die Arbeitsstelle vieler Menschen hier in Uganda geworden.
Durch die vielen Menschen, die jetzt bei uns Arbeit gefunden haben, dürfen wir bestimmt 4 000 bis 5 000 Menschen ein gesicher-
tes monatliches Einkommen geben.

Der Vorstand von »Vision for Africa« in Uganda verlangte damals, dass ich einen Masterplan entwerfe. Meine Antwort darauf
lautete: »Meine Lieben, dazu bin ich nicht fähig! Aber ich weiß,
dass der Meister den Plan hat. Lasst mich bitte jedes Gebäude

dorthin stellen, wo der Herr es mir zeigt, und ich bin sicher, dass wir am Ende staunen werden über seine Führung und Weisheit.«

Als die Anweisungen des Heiligen Geistes kamen, wo die verschiedenen Gebäude platziert werden sollten, wurde mir selbst etwas schwindlig, denn sie waren so weit voneinander entfernt. Ich gehorchte im blinden Vertrauen den Anweisungen des Heiligen Geistes, und heute können wir mit Freude jedem, der wissen will, wer den Masterplan gemacht hat, sagen: »Der Master!«

Einige unserer Kinder vor dem House Peace

Mukono heute

Ja, viel ist in den vergangenen 15 Jahren passiert. Angefangen haben wir mit den Kinderhäusern, von denen es mittlerweile acht in unserem »Land of Hope« (Land der Hoffnung) gibt. Jeweils 8 bis 10 Kinder leben dort zusammen mit zwei Kinderhausmüttern wie in einer Familie zusammen. Bald kam eine Grundschule mit Internat und ein Kindergarten auf dem Gelände dazu. Wir nennen unsere Einrichtungen »Schools for Winners«, um deutlich zu machen, dass wir die kleinen Menschen von Anfang an dazu motivieren wollen, ihre Berufung zu finden und zu leben, was Gott für sie geplant hat. »Born to win, our father is the King!« ist der Slogan. Sogar ein eigenes Landwirtschaftsprojekt ist entstanden, denn die Schülerinnen und Schüler sollen ganz praktisch lernen, die Ressourcen des wunderbaren Landes zu nutzen.

Eine wichtige Säule unserer Arbeit sind die Patenschaftsprogramme, in denen wir derzeit ca. 6 000 Kinder haben. 7 000 junge Männer und Frauen sind mit ihrer Ausbildung schon fertig!

Die monatlichen Patenschaftsbeträge helfen uns, sowohl die persönliche Entwicklung des Kindes zu fördern als auch sein soziales Umfeld zu verbessern. Dies bedeutet zum einen eine gute Schul- und Fachausbildung sowie die medizinische Grundversorgung. Das schafft die Voraussetzung für die Kinder, sich später selbst versorgen zu können und dadurch – langfristig gesehen – ihr Land positiv zu beeinflussen und zu verändern. Wir zahlen für die Kinder die Schulgebühren, das Schulmaterial, die Verpflegung, die Schulkleidung und – wo erforderlich – die Internatsgebühren. Zum andern haben wir eigene Schulen und Berufsschulen, Kinderhäuser und fünf Kindergärten, wodurch wir das soziale Umfeld verbessern. So können wir die Kinder besser beobachten und gewährleisten, dass sie täglich etwas zu essen bekommen, mit dem Nötigsten versorgt werden und – wenn sie im Internatsbereich untergebracht sind – auch einen guten Platz haben, wo sie wohnen und schlafen können. Außerdem sehen wir sofort, wenn ein Kind krank ist, sodass wir schnell helfen können. Gleichzeitig haben wir die Möglichkeit, ihnen die Liebe Gottes zu vermitteln.

Weil die überwiegende Mehrzahl der Patenkinder derzeit noch in Schulen im ganzen Land verstreut ist, bauen wir nun eine große Mittelschule in Nakifuma, wo wir 2000 Schüler zusammenbringen wollen. Das wird die Administration sehr erleichtern, aber auch den Einfluss vergrößern, den wir auf diese jungen Menschen haben, die oftmals in prekären Umständen aufwachsen. Erste Schüler können schon jetzt dort unterrichtet werden, die Fertigstellung aller 64 Klassenzimmer, der Internatsräume für 1000 Jungen und 1000 Mädchen, der 60 Lehrerwohnungen, der Großküche, einer riesigen Lagune (Kläranlage), einem Fußballplatz und einer großen Versammlungshalle ist für Ende 2022 geplant.

Die dreistöckige Mittelschule in Nakifuma im Bau

Weil uns nicht nur die schulische Ausbildung, sondern, wie erwähnt, auch die fachliche Berufsausbildung sehr wichtig ist, entstanden schon sehr bald erste Berufsschulen. Mittlerweile bieten wir folgende Ausbildungen an: Tischler, Maurer, Schneider, Friseur, Schönheitstherapeutin, Installateur, Automechaniker, Elektriker, Töpfer, Landschaftsgärtner, Prothesenbauer, Bäcker und Konditor.

Außerdem gibt es ein College mit den Zweigen Hotelmanagement sowie Mediendesign und Druck. Unsere Absolventen haben einen sehr guten Ruf in Uganda und finden in der Regel leicht Arbeitsstellen.

Auf dem Gelände gibt es außerdem eine Kirche, eine große Mehrzweckhalle und das Hotel »African Village« mit 55 Zimmern in traditionellen Rundhütten und zwei weiteren Gebäuden. Die Arbeit in Mukono ist mittlerweile so gewachsen, dass ich gar nicht alle Details aufzählen kann – daher lade ich jeden herzlich ein, einmal selbst vorbeizuschauen und alles kennenzulernen, zum Beispiel bei einer unserer Come&See-Reisen.

Für die medizinische Versorgung sorgt unsere Klinik und unser Zahnlabor. Unser Mitarbeiter Karl Banhardt berichtet:

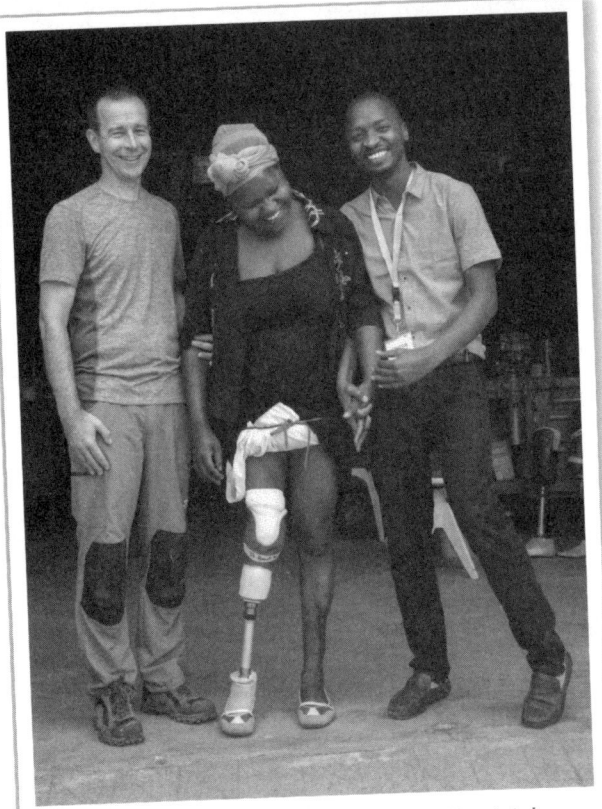

Die Prothesen, die in unserer Werkstatt entstehen,
machen viele Menschen glücklich und schenken
neue Lebensqualität!

Als ich im April 2011 zusammen mit meiner Frau das Werk von
»Vision for Africa« in der Nähe von Mukono in Uganda bei einem
Besuch kennenlernte, ahnte ich nicht, welche Auswirkungen
diese Reise auf mein weiteres Leben haben würde. Damals
waren wir Teilnehmer einer Come&See-Reise und wollten
unseren Sohn besuchen, der seit Oktober 2010 als Volontär bei
VfA war.

Nach der ersten Nacht trat ich morgens vor unsere Rundhütte, war tief berührt von der Morgenstimmung, und mich überkam ein ganz starkes und durchdringendes Gefühl: Ich hatte den Eindruck, auf vertrautem, heimatlichem Boden angekommen zu sein. In den folgenden Tagen gab es viele Begegnungen mit liebenswürdigen Menschen, und ich lernte die Arbeit kennen, die durch eine Vision von Maria Prean und ihren Glaubensgehorsam entstanden ist. Ich fühlte mich hineingenommen in ein Werk, das von einem großen Baumeister zusammengefügt wird und wo so viele Menschen eine Perspektive für ihr Leben bekommen. Als Arzt interessierte ich mich natürlich sehr für die medizinische Versorgung – in erster Linie der vielen Kinder und Jugendlichen, die dort eine Schul- und Berufsausbildung bekommen, aber auch der ugandischen und europäischen Mitarbeiter.

Bei einem Rundgang durchs Missionsgelände wurde mir die gerade eröffnete »Jehova Rapha«-Klinik gezeigt. Auch hier spürte ich sofort eine Verbindung. Ich wusste: Hier werde ich gebraucht, hier habe ich einen Auftrag. Wie dieser Auftrag aussehen konnte, wusste ich zu diesem Zeitpunkt noch nicht, schließlich hatte ich eine Allgemeinarztpraxis in München. Ich handelte aber nach dem Wort aus Prediger 9,10a, wo es heißt: »Alles, was deine Hand zu tun findet, das tue in deiner Kraft!« (ELB).

Und so machte ich mich bereits vier Monate später, im August 2011, mit vier großen Koffern, in denen Mikroskop, Zentrifuge, ein Gerät zur Untersuchung auf Malaria, ein Blutbildmessgerät, Medikamente und Verbandsmaterialien verstaut waren, zum zweiten Mal auf den Weg nach Uganda, bereit zu entdecken, was meine Hände vorfinden würden. In den folgenden sieben Jahren machte ich jährlich drei mehrwöchige Einsätze, teilweise mit meiner Frau, teilweise alleine, um die medizinische Versorgung durch Geräte und Materialien zu verbessern. Bald konnte eine weitere Klinik auf dem Gebetsberg am Victoriasee eröffnet werden. Sie hat einen

Schwerpunkt in der Geburtshilfe und ist eine wichtige Anlaufstelle für die dortige Busch-Bevölkerung. Frauen können ihre Kinder jetzt in einer sauberen Klinik und nicht mehr auf dem Erdboden in einer Hütte zur Welt bringen.

Anfang 2017 konnte in Karamoja, im Nordosten von Uganda, eine Sanitätsstation eröffnet werden. Dort gibt es noch keine medizinische Versorgung. Die Menschen leben in sehr ärmlichen Grashütten und sind ohne fremde Hilfe von der Zivilisation abgeschnitten. Es gibt viele Kranke und Unterernährte, für die diese Sanitätsstation ein Segen ist.

Doch es ging nicht nur um die materielle Ausstattung; mir wurde klar, wie wichtig es ist, medizinisches Fachpersonal aus Uganda zu finden und Teams zu bilden, die den Auftrag von »Vision for Africa« mittragen.

In vielen Gesprächen mit unseren afrikanischen Mitarbeitern lernte ich die besondere Mentalität der Ugander kennen und schätzen. Es wurde schnell klar, dass diese wissbegierigen und sehr talentierten Menschen alles Neue wie einen Schwamm aufsaugen und umsetzen. Ihre freundliche, offene und liebevolle Art hat mich regelrecht angesteckt. Es wurde mir und uns allen wichtig, die Arbeit zunehmend in die Hände der einheimischen Mitarbeiter zu legen. Jedoch bedurfte es hierfür neben der ständigen fachlichen Weiterbildung auch der Leiterschaftsschulung und nicht zuletzt einer persönlichen Betreuung durch Coaching, damit sie ihre Verantwortung erkennen und wahrnehmen können.

Rückblickend bin ich selbst erstaunt, was alles in diesen Jahren durch unseren großen Gott entstanden ist. Seine führende Hand hat alles zur rechten Zeit zusammengefügt und auf den Weg gebracht. Wie schnell, reibungslos und präzise doch alles bei ihm geht! Drei Beispiele fallen mir dazu ein:

Als es darum ging, einen Operationssaal einzurichten, kam gerade zu dieser Zeit ein mir noch unbekannter Patient in meine

Praxis in München. Wir unterhielten uns über meine Arbeit in Uganda. Schnell wurde klar, dass auch er mit Jesus unterwegs ist. Meiner Gewohnheit folgend fragte ich ihn, was er beruflich mache. Er erzählte mir, dass er bei einer großen Firma arbeite, die Operationseinrichtungen herstelle und weltweit vertreibe. Gerade seien sie dabei, den afrikanischen Markt zu erschließen. Ich fragte ihn daraufhin: »Meinen Sie, Sie können mir in Uganda dabei behilflich sein, einen Operationssaal einzurichten?«

»Ja, was und wie viel brauchen Sie denn?«, kam es sofort zurück.

Ich war sprachlos, denn kurze Zeit später schickte diese Firma einen großen Container gefüllt mit einer kompletten OP-Ausstattung im Wert von ca. 250 000 Euro zu uns nach Uganda. Sogar ein Mitarbeiter reiste für eine Woche an, um alles einzubauen und aufzustellen. Alles kostenfrei für uns, inklusive Container, Transport und Aufbau.

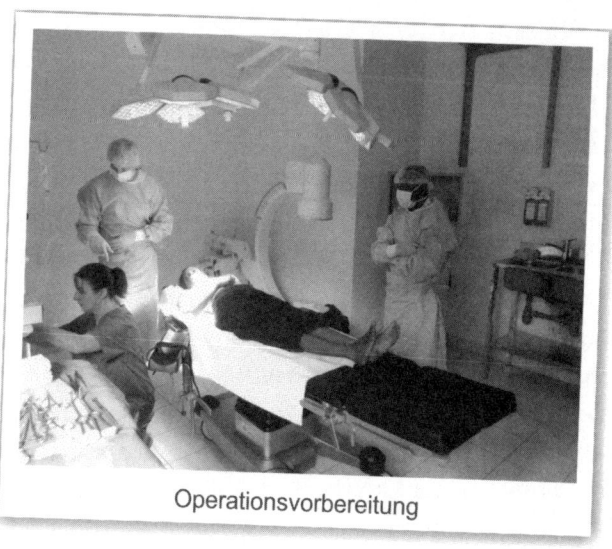

Operationsvorbereitung

Als ich bei einem meiner Einsätze in Uganda war, sprach mich ein Come&See-Gast an, der von Beruf Chirurg war. Er wollte die neue Klinik sehen und fragte mich dann spontan: »Wo kann ich mich einbringen?« Auf diese Weise kam Dr. Moosmaier mit seiner Frau mit ins Team. Sie verbringen nun jedes Jahr einen Teil ihres Urlaubs in Uganda, um mitzuhelfen. Es war und ist ein großer Segen, dass nun auch Operationen möglich sind und Dr. Moosmaier das medizinische Personal im OP anleiten und ausbilden kann. Daraus ist eine jahrelange überaus fruchtbare Arbeit und tiefe Freundschaft geworden.

Kurze Zeit später stellte sich ein junger afrikanischer Arzt vor und fragte, ob er bei uns arbeiten könne. Er war Christ und fühlte eine innere Verbundenheit mit der Arbeit von »Vision for Africa«. Er war berufen, mit seinen Gaben Christus zu dienen.

So lernten wir unseren Dr. Cleophas kennen, der geleitet durch seinen tiefen Glauben an Jesus Christus die Klinik auch während meiner Abwesenheit weiteraufbaut und für die Mitarbeiter ein väterlicher Leiter ist.

Bisher haben Hunderte von Menschen medizinische Hilfe erfahren, die sie im staatlichen Gesundheitssystem nicht erhalten konnten. Durch die Anstellung von Ärzten, Krankenschwestern und Hebammen in unseren Kliniken haben viele Ugander außerdem einen festen Arbeitsplatz bekommen.

Der Wille, jede Gelegenheit zu nutzen, um für sich selbst sorgen zu können, ist bei den Menschen in Uganda enorm. Sie haben eine unvorstellbar große kreative Kraft, aus wenig mehr zu machen. Dies scheitert aber oftmals an gesellschaftlichen Verhältnissen, wie zum Beispiel der Möglichkeit, das nötige Schulgeld für die Ausbildung der Kinder aufzubringen, die Behandlung in einer Klinik zu bezahlen oder einfach nur einen Arbeitsplatz zu finden.

Die folgende Patientengeschichte steht beispielhaft für viele andere:

Hilda ist eine Mutter von vier Kindern. Sie wurde von ihrem Mann verlassen. Unter dem Vorwand, eine andere Arbeitsstelle im Norden von Uganda anzunehmen, zog er fort und meldete sich nie mehr.

Hilda stand nun plötzlich ohne Ernährer da, völlig mittellos. Sie begann, sich mit Gelegenheitsjobs mühsam durchzukämpfen. Mal war es Feldarbeit bei einem Bauern, für den sie auch in der Stadt an einem Gemüsestand Tomaten und Kartoffeln verkaufte, mal putzte sie bei wohlhabenden Afrikanern das Haus.

Sie schien gerade so über die Runden zu kommen, als sie merkte, dass ihr zunehmend die Kraft zur Bewältigung der Arbeit fehlte. So kam es, dass sie eines Tages kollabierte. Nahe Verwandte kümmerten sich um Hilda und brachten sie ins öffentliche Krankenhaus. Dort konnte man ihr nicht helfen. Völlig entkräftet kam sie daraufhin in unsere »Jehova Rapha«-Klinik. Sie wurde – ohne Bezahlung – stationär aufgenommen und untersucht. Ihr Herz war so schwach, dass es zu Wassereinlagerungen in der Lunge und in den Beinen gekommen war. Schon die geringste Belastung führte zu einer sehr starken Atemnot. Auch konnte sie nur noch sitzend schlafen. Die medizinischen Diagnosen lauteten: Myokarditis mit nachfolgender Herzinsuffizienz, Lungenödem und Beinödeme. Ein Zustand, der bald zum Tode führt, wenn er nicht rasch behandelt wird.

Wir konnten Hilda mit europäischen Medikamenten, die uns von einem Apotheker aus Deutschland gespendet wurden, behandeln. Rasch kam es zu einer Besserung ihrer Beschwerden. Schon nach drei Wochen konnte sie aus der Klinik entlassen werden. Ihr Herz hatte sich fast vollständig erholt. Sie versorgt jetzt wieder ihre Kinder und bekommt von uns laufend ihre Medikamente, die sie braucht, um ihr Herz zu stabilisieren.

Diese Behandlung ist für uns in Deutschland eine Selbstverständlichkeit. Da in Uganda in den normalen Kliniken viele Medikamente nicht zur Verfügung stehen, weil sie von den Patienten nicht bezahlt werden können und weil es keine Krankenversicherung gibt, die dafür aufkommt, bleiben den Menschen solche Behandlungen jedoch meist versagt.

Immer wieder konnte ich so in den vergangenen Jahren die führende Hand unseres großen Gottes erkennen, der das Werk von Maria Prean erhält und durch seinen Segen bestätigt. Für mich und meine Frau war es ein Geschenk, diese Arbeit kennenlernen zu dürfen. Unser Glaube an Jesus Christus bekam eine neue Tiefe, auch vermittelt durch die Seminare in Imst.

»Wir sind ganz und gar Gottes Werk. Durch Jesus Christus hat er uns so geschaffen, dass wir nun Gutes tun können. Er hat sogar unsere guten Taten im Voraus geschaffen, damit sie nun in unserem Leben Wirklichkeit werden« (Epheser 2,10; GNB) – wir alle sind ausgestattet mit Gaben, nicht zum Selbstzweck. Gott hat uns mit einem ganz persönlichen Profil ausgestattet für den Dienst, nicht für den Eigennutz.

Karl Banhardt, Facharzt für Allgemeinmedizin, München

Karl und Monika Banhardt

Ich kann Geschichten über Geschichten erzählen, was ich mit unserem großen Gott in Bezug auf unser Werk in Mukono erlebt habe. Es sind wirklich viele spannende Erlebnisse ...

»Für Möbel«

Für die Schulen und Waisenhäuser, die in Mukono, Uganda, gebaut wurden, habe ich viele Male die Kosten hin und her berechnet. Ich habe an alles gedacht und sogar noch 10 Prozent für mögliche Preissteigerungen einkalkuliert. Als ich sicher war, dass unser Geld reicht, fingen wir an zu bauen, und alles lief gut.

Nach ein paar Monaten standen die Gebäude schon fast und ich dachte froh über den Einzug der Kinder nach. Da fiel mir siedend heiß ein, was ich vergessen hatte. Wir hatten keinen Cent Geld mehr für irgendwelche Möbel oder Inneneinrichtungen der Schulen und Waisenhäuser. Fassungslos versank ich in meinem Schrecken. Ich wagte nur, mit Gott darüber zu sprechen, und befahl ihm die Situation an. Wie konnte mir das passieren! Kein Mensch erfuhr von meinem Missgeschick.

Am selben Tag hat ein lieber Freund in Europa 80 000 Euro auf unser Konto überwiesen und den Vermerk »für Möbel« dazugeschrieben.

Als ich den Spendeneingang sah, bekam ich weiche Knie und ein von Dankbarkeit überfließendes Herz – Gott sorgt in seiner großen Güte für uns, bevor wir ihn noch bitten können!

Gastfreundlichkeit als Beruf

Bei jedem Restaurantbesuch in Kampala ist mir aufgefallen, dass fast alle guten Hotels von Indern, Südafrikanern oder Kenianern geführt werden. Die Ugander sind sehr gastfreundlich, daher wunderte ich mich, warum sie nicht auch in der Leitung von Restaurants oder Hotels anzutreffen waren. Als ich mich erkundigte, erfuhr ich, dass es keine ausbildenden Hotelfachschulen im Land gab. Und so legte mir der Herr den Wunsch ins Herz, eine Ausbildungsstätte (nur für Ugander) zu errichten. Mittlerweile existiert sie seit ca. zehn Jahren.

Der Andrang der Schüler ist enorm. Sie sind so gastfreundlich, extrem gute Köche, freundlich und zuvorkommend, dass wir immer wieder Komplimente für den hohen Standard unserer Hotelfachschüler bekommen. Für ihre praktischen Einsätze versuchen wir, sie in den besten Hotels des Landes unterzubringen. Es ist nicht selten, dass sie dann gleich angestellt werden.

Der Herr legte mir auch aufs Herz, dass wir keinen Alkohol im Hotel oder auf unserem Gelände verkaufen oder servieren sollen. Es ist hier schlecht angesehen, wenn Christen Alkohol trinken, daher wollen wir keinen Anstoß zum Ärgernis geben. Als ich diesen Beschluss mitteilte, waren meine europäischen Mitarbeiter besorgt, ob das nicht die Besucherzahlen einschränken würde. Gott sei Dank ehrt Gott Gehorsam! Wir haben gerade wegen des Alkoholverbotes viele christliche Gruppen, die zu wochenlangen Trainingsseminaren kommen, zu Gebetswochen oder Veranstaltungen für Ehepaare und geistliche Leiter. Wir hatten in den vergangenen Jahren eine Auslastung von über 80 Prozent und müssen bald erweitern, da wir vielen größeren Gruppen aus Platzmangel absagen müssen.

Angst vor dem Nass

Im Jahr 2009 sprach der Herr zu mir, ich solle ein großes Schwimmbad bauen. War das eine Aufregung unter meinen ugandischen Mitarbeitern – und das ist bei Weitem die Mehrzahl! »Das darf Mama uns nicht antun. Das ist viel zu gefährlich für uns. Wir können alle nicht schwimmen, und wenn uns jemand nicht mag, dann wirft er uns in dieses Schwimmbad und wir ertrinken!«

In Uganda ist es vor allem in den ländlichen Gebieten absolut unüblich, schwimmen zu gehen. Nicht einmal die Fischer, die jeden Tag auf den Victoriasee hinausrudern, können schwimmen, und riskieren so jeden Tag ihr Leben!

Der fertige Pool erfreut heute viele!

Doch wenn Gott klar zu mir spricht, dann ziehe ich die Aufträge durch, ganz ungeachtet des Widerstandes. Ich erklärte meinen Mitarbeitern, warum ich ein Schwimmbad für sinnvoll hielt und dass Gott auch schon den richtigen Plan, einen sehr guten Baumeister und das Geld zur Verfügung gestellt hatte. Ich sagte ihnen außerdem zu, dass sie zweimal in der Woche zwischen 22 und 23 Uhr gratis Schwimmunterricht bekommen würden. Ich setzte die Zeit extra so spät an, damit sie sich nicht schämen mussten. Bisher haben allerdings nur drei Mitarbeiter dieses Angebot angenommen …

Und niemand ist ertrunken! Friede und Ruhe sind eingekehrt! Immer mehr wächst das Vertrauen, dass Gott das, was er zusagt, auch gut macht. Alle unsere Gäste, die jedes Jahr aus Europa zu uns auf Urlaub kommen, sind dankbar für das schöne Schwimmbad. Außerdem wurden Tausende von Menschen aus den umliegenden Freikirchen darin getauft, und alle Kinder auf unserem Gelände, vom Kindergarten angefangen, lernen Schwimmen und genießen das Wasser sehr!

Ein schwieriges Projekt

2010 wurde mir von der Regierung vorgeschrieben, dass für die Abwässer der über 1 200 Personen (Schüler und Personal), die auf unserem Gelände wohnen, eine Lagune (Kläranlage) gebaut werden muss. Wir hatten zu der Zeit einen Architekten aus Kenia in unserem Vorstand. Da die nächste Sitzung bald stattfinden sollte, wartete ich, bis wir uns bei der Gelegenheit treffen konnten. Freudig erklärte ich ihm, dass ich eine schöne Aufgabe für ihn hätte. Als er hörte, um was es ging, meinte er entsetzt, mit so etwas gebe er sich nicht ab. Er baue nur Häuser.

»Kannst du mir nicht einen bekannten Architekten für diese Aufgabe empfehlen?«, bat ich ihn.

Entschieden erwiderte er: »So etwas braucht ihr hier in Uganda nicht. Die Regierung schreibt dir das nur vor, weil sie weiß, dass du alles brav machst, was sie dir sagen. Das ist reine Schikane. Befass dich nicht weiter damit.«

Nun war ich allerdings etwas ratlos. In solchen Momenten ist der beste Platz für mich immer auf meinen Knien. Ich kniete also nieder, betete und bat Gott, mir die Lösung zu zeigen.

Keine drei Wochen später rief mich derselbe Architekt an. Er war selbst überrascht über das, was er mir erzählte, und eröffnete das Gespräch mit: »Maria, du hast mehr Gnade als Verstand!« (was sicherlich der Wahrheit entspricht!). »Ein befreundeter Architekt, der sich zur Weiterbildung als Quereinsteiger auf der Universität eingeschrieben hat, hat den Auftrag bekommen, als Einstiegsprojekt eine Kläranlage zu entwerfen und zu bauen. Er sucht nun verzweifelt in ganz Uganda nach einem Werk, das so etwas braucht und ihm die Chance gibt, sein Projekt umzusetzen!« Ist Gott nicht unglaublich in seinen Wegen und Führungen?!?

Die Kläranlage wurde vor einigen Jahren auf unserem Gelände gebaut, ist biologisch angelegt und ausreichend für um die 5 000 Menschen. Im ersten großen Sammelbecken haben wir sogar Fische (die wir aber nicht im Hotel servieren). Sie fressen die Moskitobrutstätten, und so ist das ganze umliegende Gelände frei von Moskitos und schlechten Gerüchen. Welch ein Segen!

Ein afrikanisches Kaffeehaus

Jahrelang planten wir einen Ausbildungsbetrieb für Bäcker, doch erst im Jahr 2012 konnte ein konkretes Gebäude fertiggestellt werden. Ich bekam von Gott den Impuls, ein Café »Marianne« (nach dem Namen meiner Mutter) anzuschließen, wo auch Kuchen und Torten verkauft werden sollten. Zunächst stieß auch dieser Plan auf Widerstand. Wer kennt in Uganda schon das Konzept eines Kaffeehauses, wie es sie in Österreich so zahlreich gibt? Heute ist das Café Marianne ein beliebter und rege frequentierter

Unser Café Marianne

Ort für Begegnungen. Wir servieren dort auch Sachertorte mit köstlichstem Cappuccino – vielleicht als Einzige in Uganda!

Wir bilden nun Bäcker und Konditoren aus und sind dankbar für ihre Kreativität. Wir erhalten immer mehr Bestellungen für Geburtstags- und Hochzeitstorten!

Dem kalten Winter entfliehen

Immer wieder kommen Pensionisten aus Europa, die einige Wintermonate bei uns verbringen, um sich mit ihren Gaben (stricken, basteln, nähen, handwerklich arbeiten) einzubringen und eine warme und angenehme Zeit zu genießen! Derzeit haben wir zwölf Apartments, jeweils mit kleiner Küchennische, Wohn-/Esszimmer, Schlafzimmer, Dusche, Toilette und Veranda, um diesen willkommenen Gästen ein gutes Zuhause fern von zu Hause anbieten zu können.

So ein Apartment kann ein wunderbarer Zufluchtsort sein – nicht nur im Winter! Denn eine »Affenhitze«, wie sie in vielen Gegenden von Europa mittlerweile herrscht mit Temperaturen um die 40 Grad, gibt es hier in Uganda nie! Also, kommt in das wunderbare Uganda und genießt Sommer oder Winter!

Gott ist so unglaublich gut! Alle Ehre gebührt ihm. Wir dürfen die Freude behalten und immer nur »Danke, Danke, Danke!« sagen! Zu jedem Auftrag, jeder Aufgabe, die er für uns hat, schenkt er auch alles, was wir brauchen, um sie durchzuführen!

In Kikondo hat unser Werk seit vielen Jahren ein zweites Standbein. Zuerst unterstützten wir die Bewohner des Dörfchens mit Infrastruktur. Seit wir den Gebetsberg haben, ist hier sozusagen unser geistliches Zentrum entstanden, mit Tagungshaus und Jüngerschaftsschule. Wir haben hier schon viele gesegnete Gottesbegegnungen gehabt!

14 Kikondo und der Gebetsberg

Ruf ins Fischerdorf

Wir waren noch keine fünf Jahre in Uganda, als zwei meiner einheimischen Mitarbeiter den Ruf bekamen, in einem sehr armen moslemischen Gebiet, wo es weder Kindergarten noch Volksschule gab (und auch keine Toiletten!), eine Schule aufzubauen. Die Einwohner des am See Victoria gelegenen Dorfes Kikondo waren fast alles Analphabeten und lebten vom Fischen.

Ich setzte diese Mitarbeiter frei, und sie fingen mit den geringen Mitteln an, die ihnen zur Verfügung standen. Für Westeuropäer ist das vielleicht unvorstellbar: Sie suchten sich den größten, am meisten Schatten spendenden Baum in der näheren Umgebung. Daraufhin schütteten sie dort ein wenig Erde auf, formten Stufen um den Baum herum und fingen an, die Kinder des Dorfes mit einfachsten Mitteln zu unterrichten.

Es dauerte keine drei Monate, bis ich von ihnen eingeladen wurde, ihre bisherigen Fortschritte zu besichtigen. Zuerst musste ich mit einem recht maroden kleinen Fischerboot von Jinja nach Kikondo übersetzen. Beim Aussteigen an der überhaupt nicht befestigten Uferstelle wäre ich fast kopfüber in das total verschmutzte Wasser gefallen!

Ich glaube nicht, dass in diesem damals noch sehr entlegenen Dorf schon einmal Europäer gewesen waren. Das war wohl auch der Grund, warum einige Kinder laut schreiend davonliefen, als sie mich sahen. Sie dachten, ich hätte überhaupt keine Haut!

Kinder in Kikondo

Als sie mir dann den Baum mit den aufgeschütteten Erdstufen als »Klassenzimmer« voller Stolz vorführten, war ich erschüttert. Wie primitiv diese »Schule« doch war! Ich schüttete Gott daraufhin mein Herz aus. So konnten Kinder doch nicht unterrichtet werden! Als Antwort kam von ihm: »Ja, dann bau du ihnen doch eine Schule!« Da hatte ich den Salat ... Ich sollte also eine siebenjährige Volksschule bauen.

Gleichzeitig legte Gott mir aufs Herz, zuerst die Erlaubnis der lokalen moslemischen Regierung einzuholen, bevor wir etwas bauten. Ich bat daher die gesamte moslemische Leiterschaft um ein Treffen, in dem es darum gehen sollte, ob ich diese Pläne umsetzen durfte.

Schon am folgenden Wochenende fand das Treffen statt. Es hatten sich fünfzehn Männer versammelt, denen ich in etwa Folgendes sagte: »Ihr lieben Brüder, ich habe vom Herrn Jesus Christus (der mein Herr und Meister ist und dem ich nachfolge) die Freiheit bekommen, in eure Umgebung eine christliche Volksschule, einen christlichen Kindergarten, die frohe Botschaft des Evangeliums und neues Leben zu bringen, wenn ihr uns einladet. Wenn ihr nicht wollt, dass wir kommen, dann werden wir das respektieren und euch trotzdem lieben!«

Sie nahmen sich eine Woche Zeit, um darüber nachzudenken und sich abzustimmen. Danach kamen sie geschlossen zu mir und sagten: »Mama Maria, wir laden dich ein, Entwicklung in unsere Umgebung zu bringen, und du bist mit allem, was du tun möchtest, herzlich willkommen!«

Wie dankbar war ich über diese Führung des Heiligen Geistes! Als Nächstes erwarben wir Land direkt am Rande des Fischerdorfes für eine Volksschule mit großem Sportplatz, einen Kindergarten, einige Kinderhäuser (so nennen wir unsere Waisenhäuser), eine Blindenschule und eine große Kirche (die »Herrlichkeit des Königs«-Kirche). Die Blindenschule und die Kirche wurden viel später gebaut.

Die Schule, die »Vision for Africa Primary School«, existiert inzwischen schon seit über zehn Jahren. Viele Kinder von Eltern, die selbst weder schreiben noch lesen können, sind nun auf der Mittelschule und werden bald ihre Berufsausbildung anfangen. Insgesamt haben mittlerweile weit über 1 000 Kinder von unseren Bildungseinrichtungen in diesem Dorf profitiert; derzeit haben wir 515 Schüler im Kindergarten und der Grundschule, die eine der besten des ganzen Distrikts ist. Außerdem haben wir eine Blindenschule übernommen. Wie groß Gott doch ist!

Wir haben in dem Dorf und der Umgebung einige öffentliche, mit Solarlicht versehene Toiletten für Männer und Frauen gebaut.

Jetzt muss man nicht mehr bei jedem Schritt aufpassen, wo man hintritt! Vorher gab es nämlich oft sehr unangenehme »Ausrutscher«!

Ein Hügel steht zum Verkauf

Zur Einweihung der Volksschule im Januar 2005 kam mein lieber langjähriger Freund Manfred Krismer, der ehemalige Bürgermeister von Imst in Tirol. Während der Feier drehte er sich um und sah den schönen Hügel, oder fast schon Berg, in einiger Entfernung hinter der Schule. Er zeigte auf ihn und fragte: »Wem gehört der?«

Etwas verwundert antwortete ich: »Keine Ahnung!«

Mit Entschiedenheit sagte er: »Maria, wenn du diesen Berg nicht kaufst, hast du den größten Fehler deines Lebens begangen!«

Er wirkte so bestimmt und überzeugend, dass ich meinen besten Mitarbeiter Peter als »Kundschafter« aussandte, um herauszufinden, ob dieser Hügel überhaupt zum Verkauf stand. (Ich schicke immer meine lieben afrikanischen Männer als »Kundschafter« los, denn wenn ich selbst frage, ist der Preis gleich zehnmal so hoch! Unsere weiße Haut hier ist sehr teuer ...!)

Peter kam mit der frohen Botschaft zurück, dass tatsächlich über 300 Hektar käuflich zu erwerben seien. Wie sich herausstellte, war der Preis extrem günstig. Wir kauften so viele Hektar, wie wir Geld »zusammenkratzen« konnten – obwohl wir noch nicht wussten, was wir damit anfangen sollten. Ich hatte nur eine Ahnung, dass es so etwas wie ein Gebetsberg werden sollte.

Den Grund für den niedrigen Verkaufspreis erfuhr ich erst, als wir alles im Grundbuch amtlich gemacht hatten. Es regnete dort niemals, sodass alles sehr karg war. Zudem hatte der Berg eine strategische Position unter den Hexern und Satanisten der Umgebung. Seit Jahren wurden dort alle, die mit schwarzer Magie zu tun hatten, »initiiert«, also dem Satan geweiht und zu ihren teuflischen Diensten eingesetzt. Es wurden auch immer wieder schwarze Stiere als Brandopfer dargebracht.

Mir verschlug es erst einmal die Sprache. Was hatte ich mir da wieder eingehandelt?! Ich war erschüttert. Erst einmal ließen wir den Hügel daher auch brach liegen. Regelmäßig beteten wir aber für unser neues Land und fragten Gott, was genau unser Auftrag damit wäre. Was sollten wir hier »kultivieren«?

Nach ca. zwei Jahren zeigte Gott mir in einer Vision, dass wir auf dem Berg einen großen Pinienwald anpflanzen sollten. Und unser Landschaftsgärtner hatte den gleichen Eindruck! Dafür mussten wir zuerst über hundert Termitenhügel entfernen und das Land von Kakteen und Hunderten von Schlangen frei machen. Alle packten mutig und tatkräftig mit an, sodass wir das Gelände in kürzester Zeit für den Anbau von jungen Nadelbäumen vorbereitet hatten. Dazu gehörte auch ein stabiler Zaun, damit uns die Ziegen aus der Nachbarschaft die jungen Bäumchen nicht gleich wieder wegfraßen.

Jesus ist stärker als der Feind

Als wir auf der Hinterseite des Berges einen der starken Betonpfosten eingraben wollten, kam ein unmittelbarer Nachbar, von dem wir wussten, dass er praktizierender Hexer war, wutentbrannt mit seinen zwei Söhnen auf uns zu. Er wollte uns den Bau des Zaunes verbieten.

Ich fragte: »Was hast du gegen diesen Zaun?«

Einer seiner Söhne, der Englisch sprach, antwortete: »Dieses Land gehört uns.«

Ich versicherte ihnen, dass wir das Land korrekt erworben hatten und es sogar schon im Grundbuch eingetragen war.

Daraufhin schleuderte er mir aufgebracht entgegen: »Wir sehen uns beim Rechtsanwalt!«, und die drei verschwanden.

Als ich den Rechtsanwalt vorwarnte, was da auf uns zukommen würde, war er darüber überhaupt nicht erfreut. Er meinte, mit solchen Leuten habe er keine guten Erfahrungen gemacht und dass das unschön enden könnte. Ich erwiderte darauf mutig: »Sie werden erleben, dass Jesus stärker ist als der Feind.«

Zwei Wochen später bekam ich den Anruf, dass wir uns beim Rechtsanwalt treffen würden. Da die Menschen auf dem Land oft sehr wenig Englisch sprechen, nahm ich zwei meiner Mitarbeiter mit, die nicht nur Englisch, sondern auch Luganda beherrschen. Unser Nachbar kam mit seinen zwei Söhnen.

Direkt zu Beginn fragte ich sie, warum sie uns dieses Land streitig machen wollten.

Der eine Sohn erwiderte: »Wir ernähren uns von diesem Land!«

Darauf ich: »Wenn du mir eine essbare Frucht zeigst, die dort wächst, könnt ihr es gern haben.« Denn es gab dort natürlich nichts. Ich fragte also noch einmal: »Warum wollt ihr dieses Land unbedingt haben?«

Daraufhin sagte der zweite Sohn: »Mein Vater hat dort vor meiner Geburt etwas vergraben.«

Langsam dämmerte mir, um was es sich drehte, aber ich stellte mich dumm und fragte weiter: »Kann er es denn nicht wieder ausgraben?«

»Nein, so leicht geht das nicht, dazu braucht man einen schwarzen Bullen, eine Ziege und ein Schaf!«

»Aha, Hexerei!«, rief ich aus. »Wenn ihr Hunger habt, schenke ich euch Kühe, aber für Hexerei gebe ich keinen Schilling! Auf diesem Berg wird ab jetzt nur noch Gott angebetet!«

Daraufhin stöhnte der Vater mit einer Stimme, die nicht seine war: »Ja, und das ist schrecklich für mich!«

»Wenn Sie Ihr Leben dem Herrn Jesus Christus schenken, dann ist das nicht schrecklich für Sie!«, erwiderte ich fest. Daraufhin lachte der alte Mann wie ein Dämon aus der Hölle.

Die Atmosphäre im Raum hatte sich total verändert. Der Feind war spürbar gegenwärtig. Es war, als könnte man die Luft schneiden. Der Rechtsanwalt bekam Angst und versteckte sich am Boden hinter seinem Schreibtisch. Doch mit Christus an meiner Seite fühlte ich mich sicher.

Hier in Uganda gibt es ein Recht für sogenannte »Squatters«. Das sind Menschen, die Land besetzen. Bei Verkauf des Grundstückes durch den Besitzer müssen auch sie ausbezahlt werden, damit sie sich anderswo gleichwertiges Land kaufen können. Weil ich das wusste, hatte ich mich schon im Vorhinein bei einem Landvermesser erkundigt, wie viel Wert das Stück Land hatte, das von den Nachbarn beansprucht wurde. Es waren 7,2 Millionen Ugandische Schilling, also umgerechnet damals etwa 2 000 Euro. Ich vermutete, dass es ihnen letztlich nur um das Geld ging, daher fragte ich nun: »Wie viel wollt ihr dafür haben?«

»72 Millionen«, kam es wie aus der Pistole geschossen, also zehnmal so viel, als es eigentlich wert war!

Ruhig erwiderte ich: »Das werde ich nicht zahlen. Wir verwalten das Geld Gottes und das werden wir nicht verschleudern. Wenn ihr mit 7,2 Millionen Schilling einverstanden seid, meldet euch bei meinem Mitarbeiter.« Daraufhin standen ich und meine zwei Begleiter auf, verabschiedeten uns von jedem freundlich (den Rechtsanwalt musste ich unter dem Schreibtisch suchen!) und verließen das Büro.

Die nächsten Tage und Wochen beteten wir intensiv dafür, dass der Herr ihre Herzen zur Vernunft bringen und sie sich mit der angebotenen Entschädigung (die ihnen im Grunde gar nicht zustand) einverstanden erklären würden. Und so kam es dann auch.

Es wird regnen

Wir beendeten die Umzäunung des Geländes und pflanzten Tausende von Pinienbäumen, die wir schon im Voraus aus Samen aufgezogen hatten. Die Nachbarn lachten schallend über unsere Dummheit, denn dort hatte es noch nie geregnet.

Zu der Zeit war eine Gruppe von europäischen »Senagern«, Senior Teenagern, also jung gebliebenen Senioren, bei uns zu einer dreimonatigen Kurzbibelschule. Ich fragte sie, ob sie bereit wären, mit mir zusammen einen verfluchten Berg, der bisher vom Teufel eingenommen gewesen war, für Jesus zurückzugewinnen. Sie waren begeistert und schnürten ihre Bergstiefel. Ich gab jeder Person eine Flasche Öl und einen Beutel mit Salz und wir setzten uns in alle vier Himmelsrichtungen in Bewegung. Zuerst stornierten und annullierten wir alle Bündnisse und Schwüre, die auf diesem Berg mit dem Teufel gemacht worden waren, und bekannten alle Schuld, die hier durch Götzendienst, Satanskult und Hexerei geschehen war. Wir stellten uns in den Riss und empfingen die Vergebung Jesu Christi für alle Schuld der Menschen, die diesen Hügel missbraucht hatten. Als Nächstes salbten wir jeden Betonpfosten des Zaunes mit ausreichend Öl, damit die Salbung und spürbare Gegenwart Gottes diesen Berg einnähme, und wir schütteten an jeden Pfosten etwas Salz, um zu deklarieren, dass auf diesen Berg die Menschen kommen würden, die das Salz der Erde sind. Wir weihten den Berg zur Verherrlichung Gottes als Gebetsberg. Abschließend feierten wir einen Lobpreisgottesdienst mit Abendmahl an der höchsten Stelle. Und da kamen prophetische Worte aus meinem Herzen und ich verkündigte laut: »Heute Nacht wird es auf diesem Berg regnen wie noch nie. Der Berg gehört jetzt dem Herrn Jesus Christus und er wird Leben freisetzen!«

Wir hatten zu diesem Gottesdienst auch die Bauleute der Umzäunung eingeladen und Nachbarn, darunter einige Moslems. Als sie meine Worte hörten, lachten sie verstohlen und dachten sich, dass diese Europäerin keine Ahnung von diesem Berg habe, weil es dort noch nie geregnet hatte. Es gab nur jeden Tag etwas Morgentau.

In dieser Nacht gab es ein enorm starkes Gewitter mit gewaltigem Regen, sodass ich fast Angst hatte, die Welt ginge unter. Seither gibt es das geflügelte Wort in der ganzen Umgebung: »Passt auf, der Gott von Mama Maria ist stärker als der unsere!« Es freut mich von Herzen, dass Gott wieder den richtigen Platz bekommen hat, nämlich der Beste, Größte, Mächtigste, aber auch Liebevollste zu sein!

Blick vom Gebetsberg auf den Victoriasee

Wie Gott mit Menschen seine Geschichte schreibt

Doch auch die Geschichte mit dem Hexer ging noch weiter. Jedes Jahr vor Weihnachten besuchen wir alle Nachbarn, die dort wirklich sehr arm sind, und beschenken sie mit Kleidern und Lebensmitteln. Auch beten wir für sie, besonders für die Kranken. Natürlich ließen wir auch unseren damaligen Widersacher nicht aus.

Da die Familie erlaubte, dass wir für sie beten durften, betete ich kühn, dass sie die Liebe Gottes erfahren und dem Herrn Jesus Christus Einlass in ihr Herz schenken mögen.

Nach drei Jahren kam der Sohn zu mir und bat mich, seinen Eltern, die sehr armselig lebten, ein Haus zu bauen. Ich antwortete: »Sobald dein Vater (den wir unter uns schon den ehemaligen Hexer nannten) uns erlaubt, eine Bibel ins Fundament einzugraben, werden wir es gerne tun.« Bis heute warten wir auf seine Antwort diesbezüglich ...

Aber es ereigneten sich weitere Wunder mit dieser Familie. Staunend sahen sie, wie unser neu gepflanzter Wald wunderbar wuchs und gedieh. Irgendwann kamen sie und baten uns, ihnen zu helfen, auf ihrem großen Berghang ebenfalls einen Wald zu pflanzen, und zwar mit Eukalyptusbäumen. Sie bekannten dabei, dass sie sich getäuscht hatten und wir tatsächlich von Gott gesegnet waren.

Wir sagten zu, und in großer Teamarbeit befreiten wir den Berghang von Termitenhügeln und machten das Land urbar, damit wir Hunderte von Eukalyptusbäumen pflanzen konnten, die sich inzwischen zu einem wunderbaren Wald entwickelt haben.

Der alte Nachbar sah ursprünglich wirklich aus wie ein personifizierter Dämon. Doch mit der Zeit merkten wir, dass er immer menschlicher wurde und sogar von sich aus grüßte. Als ich Weihnachten 2017 wieder dort war und sie mit Geschenken besuchte, saß zu meiner Überraschung die alte Frau mit ihren sicher über 80 Jahren am offenen Feuer und hatte ein großes Kreuz um den Hals hängen. Ich war nicht wenig überrascht und fragte: »Was ist passiert?«

Sie zeigte mir ihren Ringfinger mit einem kleinen, bescheidenen Blechringlein und strahlte mich an: »Wir haben in der Kirche geheiratet.« Ich schaute sie verwundert an, da kam ihr noch älterer Ehemann dazu, der ebenfalls ein Kreuz um seinen Hals hatte.

»Aber sagt mir, was ist denn bei euch passiert?«, wiederholte ich meine Frage. Da meinten die beiden:

»Wir gehören jetzt zu deiner Gruppe, Mama Maria!«

Wir jubeln und sind dankbar, dass die Liebe Gottes auch die verstocktesten und irregeführtesten Herzen »knackt«! Mittlerweile sind wir gute Freunde und werden in Kürze eine kleine Feier nachträglich zu ihrer »Hochzeit« machen. Wir dienen einem wunderbaren Gott, für den nichts unmöglich ist, aber Glauben und Geduld sind dafür notwendig!

Gottes Gnade hört niemals auf

Und er hat in den vergangenen Jahren noch viel mehr möglich gemacht: Heute gibt es auf dem Gebetsberg, der übrigens schon immer »Mount Galilee« (Berg Galiläa) hieß, wobei keiner weiß, woher dieser Name kommt, das Tagungszentrum »House Jacob« mit vielen Übernachtungsmöglichkeiten, zwei Kindergärten, eine siebenjährige Grundschule, eine Klinik mit Gebärstation mit Inkubatoren, eine Zahnklinik, eine Berufsschule und eine Jüngerschaftsschule. Wir sind gespannt, was Gott hier noch weiter tun wird!

Das House Jacob

Besonders dankbar bin ich für meine gute Beziehung zur Familie des Präsidenten. Mittlerweile arbeiten wir in verschiedenen Projekten zusammen, und ich bin begeistert, dass die »First Family« nicht nur ein Herz für das Land hat, sondern auch ein geistliches Anliegen.

15 Neue Projekte mit der First Lady

Ein überraschender Anruf

Als wir in Kiyunga bereits Kindergarten, Volksschule, Kinderhäuser (wir nennen sie nicht Waisenhäuser), verschiedene Berufsschulen, Hotel mit Hotelfachschule, großes Schwimmbad, große Landwirtschaft mit Viehzucht aufgebaut hatten, ging unser geliebter Erzbischof Henry Orombi, dem wir vieles zu verdanken haben, in Pension. Wir luden ihn ein, mit seiner lieben Frau bei uns auf dem Gelände zu wohnen, was er auch annahm. Wir bauten ihm ein Haus und er zog ein.

Immer wieder erwähnte er, dass die First Lady, Mrs Janet Museveni, sehen sollte, was wir hier in Uganda wirken. Da er mit der Familie des Präsidenten eng befreundet ist, war es für ihn leicht, sie einzuladen, und sie sagte zu.

Am 24. September 2012 war es so weit. Das ganze Gelände wurde militärisch abgeriegelt und es liefen viele Soldaten herum. Wir verbrachten einen gesegneten Tag. Zwischen Mama Janet (wie sie im ganzen Land genannt wird) und mir »funkte« es. Wir haben dieselbe Wellenlänge. Ich habe diese wunderbare Frau sofort ins Herz geschlossen und sie mich.

Da bei solchen offiziellen Anlässen das Protokoll genau eingehalten werden muss, gibt es wenig Spielraum für persönliche Gespräche, und so versprach sie uns, auch einmal »privat« zu kommen. Doch aufgrund ihres sehr dichten Terminkalenders und den Beanspruchungen durch ihre große Familie fand sich dafür keine Zeit.

Einige Monate später hielt ich mich gerade auf dem Gebetsberg auf. Ich war dabei, Blumen zu pflanzen, und entsprechend verschwitzt und schmutzig, als mein Handy klingelte. Zu meiner Überraschung war die Sekretärin der First Lady am Telefon und teilte mir mit, dass mich Mama Janet gern in Entebbe sehen wollte. Ich zerbrach mir immer wieder den Kopf darüber, was wohl der Anlass für dieses Gespräch sein könnte.

Gottes Plan

Zwei Wochen später fuhr ich mit meinem verbeulten RAV 4 in die ehemalige Hauptstadt Ugandas. Während ich noch eine Weile warten musste, genoss ich guten Tee und Gebäck. Mama Janet ist eine wunderbare Gastgeberin! Als ich gegen 19 Uhr in ihr Büro gerufen wurde, war meine Spannung groß. Was würde nun auf mich zukommen? Nach kurzem Small Talk am Anfang fasste ich mir ein Herz und fragte: »Mama Janet, es ist für mich eine große Ehre, von dir eingeladen zu werden. Aber sag mir: Was ist der Grund unseres Treffens?«

Mama Janet ist Mitglied des Parlaments und hat immer die ärmsten Gegenden als Verwaltungsbereiche zugeteilt bekommen, weil niemand anderer sie wollte. Sie erzählte mir, dass es in »ihrem« Gebiet im Westen Ugandas keine Mädchenmittelschule gab.

Bei einem Treffen mit der First Lady

Die Mädchen in unserem Land liegen ihr besonders am Herzen, daher hatte sie den Wunsch, dort eine Schule für 800 Mädchen zu errichten.

Sie sagte: »Mama Maria, ich habe jetzt lange gebetet, wer mir helfen könnte, in dieser Gegend (nahe Ruanda) eine Schule zu bauen, und immer wieder kam dein Name in meine Gedanken. Und so bitte ich dich, mir zu helfen, dort eine Mädchenmittelschule zu bauen.«

Ich war nicht wenig überrascht über diese Eröffnung. »Mama Janet, es ehrt mich sehr, dass du mir zutraust, dass ich dort so eine Schule bauen könnte. Ich bin gewiss, dass es diese Schule auch geben wird, aber ich bin nicht sicher, ob ich es bin, durch die das geschehen soll. Ich muss nämlich selbst von Gott den Auftrag bekommen, damit ich ihm vertrauen kann, dass er auch für die Kosten aufkommen wird.«

Das akzeptierte sie. Sie meinte, ich solle beten und hören, was Gott dazu sagt.

Als ich gegen 20 Uhr aus ihrem Büro auf die Veranda trat, fragte sie mich, wo mein Auto sei. Ich deutete auf den einzigen verbeulten RAV 4, der noch auf dem Parkplatz stand. Gott sei Dank konnte sie bei dem schwachen Licht mein Auto nicht richtig sehen! Sie nickte und fragte: »Wo ist dein Chauffeur?«

Ich entgegnete: »Mama Janet, du schaust ihn an!«

Sie war sehr überrascht und meinte entschieden, dass der Verkehr in Uganda nicht für Frauen geeignet sei und schon gar nicht nachts. »Ich will dich ab jetzt nie wieder ohne Chauffeur sehen!«

Wenn ich sie jetzt besuche, habe ich immer einen Chauffeur dabei ...

Als ich heimfuhr, war es schon dunkel, und es regnete in Strömen, doch da in der Nähe auch der internationale Flughafen ist, ist die Straße Richtung Kampala auch am Abend noch sehr belebt. Während ich in der Kolonne fuhr, redete ich mit dem Herrn und bat ihn, er solle mir doch ein klares Zeichen geben, damit ich erkennen könne, was sein Plan in dieser Sache sei. Da überholte mich plötzlich ein Lkw und beförderte mich fast in den Straßengraben. Ich wurde richtig wütend auf den Fahrer, aber mein Zorn verflog sofort, als ich auf der Plane an der Rückseite des Lkws in großen Buchstaben las: »GOD'S PLAN« (Gottes Plan).

Sofort wurde mir klar, dass der Lkw wohl einen Auftrag von oben hatte, mich zu überholen, damit ich das Reden Gottes in großen Buchstaben vor mir lesen konnte. Die nächste Stunde habe ich nur über den Humor Gottes gelacht! Da war dieser Lkw für mich im Auftrag Gottes unterwegs und ich habe mich zuerst nur über die Rücksichtslosigkeit des Fahrers geärgert! Ich war zutiefst bewegt und wusste, dass die Anfrage der First Lady wirklich Gottes Wille war.

Von neuer Energie erfüllt und voller Freude rief ich am folgenden Morgen die Sekretärin der First Lady an und teilte ihr mit, dass Gott eine klare Antwort erteilt habe. Sie meinte, dass Mama Janet und sie noch intensiv nach meiner Verabschiedung gebetet hätten, dass Gott doch klar zu mir sprechen möge. Und Gott erhörte dieses Gebet!

Was Gott beauftragt, das bezahlt er auch

Am nächsten Tag schickte ich ein E-Mail an alle unsere Kontakte in Europa, erzählte ihnen von der Situation, in der ich mich gerade befand, und bat sie, darüber zu beten, ob Gott sie dazu beauftragte, das Projekt finanziell zu unterstützen. Innerhalb von nur vier Monaten war das ganze Geld – über 200 000 Euro – auf dem Konto. Was Gott »anschafft«, das bezahlt er auch, und was er anfängt, das vollendet er!

Im Juli 2013 lud mich die First Lady für zwei Tage ein, mit ihr im Hubschrauber über diese Gegend zu fliegen. Sie zeigte mir den Ort, wo die Mittelschule für die 800 Mädchen entstehen sollte. Es war atemberaubend! Der Blick über das wunderbare Land, in dem es auch reichlich Wasser gibt, war beeindruckend. Es gab bereits drei Blöcke im Rohbau mit Klassenzimmern, in denen schon 96 Mädchen unterrichtet wurden. Doch unsere Vision war noch so viel größer. Neben den Unterrichtsräumen und Unterkünften für die Mädchen wie die Lehrer wollten wir auch die Außenanlagen richtig schön machen und 100 000 Bäume in der Gegend pflanzen. Eine angeschlossene Landwirtschaft sollte die autarke Versorgung der Schule ermöglichen.

Ende 2013 war der erste Bauabschnitt fertig und 400 Mädchen konnten an der Schule unterrichtet werden. Heute sind es schon 600 Schülerinnen. Gott ist so gut!

Mein freundschaftliches Verhältnis zur First Lady hat sich seither weiter gefestigt und auch der Präsident selbst war schon bei uns vor Ort. Zwei Tage vor den Präsidentschaftswahlen 2016 wurden wir ersucht, seinem Helikopter Landeerlaubnis auf unserem Fußballfeld in Kyunga zu geben. Er kam gerade von seiner letzten Wahlveranstaltung, die nur einen Kilometer von uns entfernt lag, und wollte gerne bei uns vorbeischauen … Wir sind dankbar, dass es mit ihm in Uganda einen Präsidenten gibt, der Jesus liebt!

Mit der First Family

Mein Leben spielt sich heute zur Hälfte in Uganda ab, zur anderen reise ich, vor allem durch Europa. Das Fliegen und die Umstellung zwischen den Kulturen bereiten mir keine Probleme, wofür ich sehr dankbar bin. Mit Gott als meiner Heimat bin ich wirklich überall zu Hause!

16 Zwischen den Welten: Uganda, Österreich und Deutschland

Vom Segen in Hoch-Imst

Immer wieder fragen mich Menschen, ob ich mittlerweile mehr in Uganda oder Österreich bin. Welches Land ist meine Heimat? Und wie sieht mein Dienst heute in den deutschsprachigen Ländern aus? Ich habe meinen Mitarbeiter Christian gebeten, einen kurzen Überblick zur derzeitigen Entwicklung im Haus des Lebens zu geben:

> Als die Arbeit in Uganda für Maria zum Fokus ihres Dienstes wurde, wurden einige besorgte Stimmen laut, die durch Abwesenheit des »Zugpferdes« im Werk den Beginn des Endes für das Haus des Lebens in Imst befürchteten. Marias Antwort war gleichermaßen nüchtern und prophetisch: »Wenn ich das ›Zugpferd‹ des Werkes bin, dann soll es eingehen. Ist es aber Jesus, dann wird der Segen weiterfließen!«

Gott hat dieses Wort in den Jahren seither immer wieder bestätigt, indem er Wachstum und Versorgung geschenkt hat, auch übernatürliche Bewahrung: Noch während der Fertigstellung des Hauses des Gebets für alle Nationen wurde während der Fürbitte deutlich, dass es ein Dorn im Auge des Feindes ist und er Zerstörung, Spaltung und sogar natürliche Vernichtung im Sinn hat, und zwar ganz konkret durch Blitzschaden. Nur wenige Wochen nach diesem prophetischen Eindruck im Gebet schlug nach Bauschluss ein Blitz direkt in die Mitte der Werkshäuser ein. Auf dem gesamten Plateau wurden die Telefonanlagen schwer beschädigt, aber das Haus des Gebets blieb völlig unversehrt!

Doch nicht nur Schutz wurde vom Herrn freigesetzt, sondern auch die nötige Versorgung: Mitarbeiter, Finanzen, Sprecher. Allerdings nicht immer, wie man sich das vorstellen würde. Als das Speisezelt in einer Winternacht unter den Schneelasten zusammenbrach, wurde klar, dass Gott etwas Neues für die Verköstigung der Seminargäste im Sinn hatte. Aus der sprichwörtlichen Asche des Zeltes ließ er einen neuen Speisesaal entstehen, in dem seither regelmäßige 130 Gäste durch die liebevolle Verköstigung der Mitarbeiter von der Güte Gottes schmecken dürfen.

Das Herz des Auftrags des Hauses des Lebens ist und bleibt die Zurüstung des Leibes Christi, besonders in den deutschsprachigen Nationen, aber auch darüber hinaus. Damit die Braut Jesu, die Gemeinde, zur Reife kommt, dienen Mitarbeiter aus den verschiedensten Nationen, Denominationen und Generationen mit herzlicher Hingabe bei Seminaren und Konferenzen. Das aufmerksame Herrichten der Zimmer, die liebevolle Zubereitung von Speisen und die sorgfältige Verwaltung der Büroarbeit gehören genauso dazu wie authentische Gastfreundschaft, gelebte Jüngerschaft und beharrliche Fürbitte.

Immer wieder stellt Gott sich zu diesem Mandat und

ermutigt, ermahnt und tröstet Jahr für Jahr in den Seminaren unzählige Menschen. Hunderte erfahren Heilung, viele werden von Altlasten, Unvergebenheit, ja sogar okkulten und dämonischen Mächten freigesetzt. Sie gewinnen neue Lebensfreude, erfahren die Vaterliebe Gottes und entdecken, dass sie alles andere als ungewollt, unnötig und untauglich sind, sondern geliebt, angenommen und befähigt.

Auch die Umgebung in Imst hat Teil an dem Segen, der auf dem Werk liegt. Weil die Anzahl der Zimmer im Haus des Lebens begrenzt ist, werden viele Teilnehmer in den benachbarten Gästehäusern untergebracht. Einige der Nachbarn haben mittlerweile ihre Skepsis überwunden und bemerken mit begeisterter Verwunderung die starke Veränderung an den Seminargästen.

Die Zurüstung geht jedoch über den Segen der Seminare hinaus. Durch Jüngerschaft lernen wir das zu tun, was Gott uns aufgetragen hat, wir teilen unser Leben und lernen voneinander, indem wir einander Rechenschaft und Korrektur geben, ineinander investieren und uns aneinander »schleifen«. Alle Mitarbeiter im Haus des Lebens sind in Jüngerschaftsbeziehungen und wachsen stetig im Glauben. Mittlerweile gehören auch Menschen von außerhalb des Werkes dazu.

Schon lange haben wir den Traum von einer Jüngerschaftsschule in Imst. Nach nahezu zwanzig Jahren des erfolglosen Ansuchens schenkt Gott jetzt Gunst bei der Stadtgemeinde, die Land umwidmet und dem Werk zum Kauf anbietet. Dort sollen Unterkünfte für Mitarbeiter und Jüngerschaftsschüler entstehen.

Das alles wird im Gebet getragen. Das Haus des Gebets soll ein Gebetszentrum werden, in dem Tag und Nacht gebetet wird, und schon jetzt gibt es viele regelmäßige Gebetszeiten, an denen auch Gläubige aus Imst rege beteiligt sind. Auch das ist nur durch das Eingreifen Gottes möglich geworden. Früher waren wir »die Sekte auf dem Berg«, heute kommt sogar der Bürgermeister, um sich für die Gebete zu bedanken.

Jesus ist das »Zugpferd«, und Gott gebührt alle Ehre für sein Wirken auf seinem heiligen Berg in Imst!

Christian Rumpf

Das Haus des Lebens im Jahr 2016

Unsere Volontäre

In vielfältiger Weise verbindet sich auch mein Dienst in Uganda und Deutschland. Seit 2006 senden wir regelmäßig Volontäre zu »Vision for Africa«. Mittlerweile sind es ca. 40–50 pro Jahr. Und nicht nur junge Leute! Wir haben auch sogenannte »senior volonteers«, die unsere Arbeit sehr bereichern. Unsere Volontäre verbringen jeweils sieben Wochen in Imst, bevor sie für sechs bis zwölf Monate nach Afrika ausreisen, und werden im Haus des Lebens auf ihren Einsatz vorbereitet. Diese Zeit ist sehr wertvoll für sie, und immer wieder hören wir gute Zeugnisse von dem, was sie in Imst gerade geistlich lernen durften. An dieser Stelle will ich ein paar unmittelbare Einblicke geben. Gerd und Regina Rumpf, unsere derzeitigen Volontärseltern, erzählen:

Maria Prean, eine Frau, durch die der Herr uns sehr beschenkt und geprägt hat, erzählte auf einer Konferenz von »Vision für Afrika« in Uganda. »So baut Gott«, war der erste Gedanke, der mir, Regina, durch den Kopf und durchs Herz ging, und der zweite kam gleich hinterher: »Das möchte ich gerne sehen!« »Unmöglich«, sagte die Vernunft. Doch wir dienen einem Herrn, dem alle Dinge möglich sind! So wurden wir als Ehepaar 2008/09 auf wundervolle Weise geführt und konnten ein Jahr als Volontäre in Afrika verbringen.

Nach dieser herausfordernden, prägenden, ja, lebensverändernden Zeit kamen wir zunächst zurück nach Europa. Nun sind wir seit 2016 als Volontärsleitung wieder in Uganda eingesetzt.

Nachdem wir selbst erleben durften, welche Bereicherung es ist, sich auf eine andere Kultur einzulassen, wie ein Blickwechsel geschieht – weg vom Überfluss der Wegwerfgesellschaft – und wie beschenkt man als Schenkender wird, ist es uns eine große Freude, die Volontäre zu begleiten.

Aus allen Bewerbungen wählen wir diejenigen aus, die für eine Zeit zwischen sechs und zwölf Monaten zu uns kommen werden. Die meisten Volontärsanwärter haben gerade ihr Abitur gemacht. Aber immer wieder bewerben sich auch Menschen unterschiedlichen Alters, um ihre Gaben einzubringen. Nicht selten bleiben auch ehemalige Volontäre als Mitarbeiter und unterstützen das Werk für eine längere Zeit in einem bestimmten Bereich.

In dem Gästehaus des Missionswerkes »Leben in Jesus Christus« erlebt jeder Volontär eine siebenwöchige Vorbereitungszeit der besonderen Art. Im wahrsten Sinne des Wortes kann man an diesem besonderen Ort ihn, unseren Herrn und Retter, ganz neu und intensiv kennenlernen.

Als wir selbst 2008 dieses Praktikum machten, fragten wir uns manchmal: Was hat das Ganze hier eigentlich mit Afrika zu tun? Im Endeffekt durften wir feststellen, dass es eine wirklich hervorragende Vorbereitungszeit war. Zum einen im geistlichen Bereich, aber auch durch das sehr enge Zusammenarbeiten und -leben. Wir lernten uns selbst besser kennen und einschätzen und erfuhren eine tiefere Dimension der Beziehung mit unserem himmlischen Vater.

Wir haben, wie die meisten Volontäre auch, die Mitarbeit, die Gemeinschaft, die Gespräche und die Zeit an diesem besonderen Ort geliebt und konnten uns nur schweren Herzens trennen. Mittlerweile findet während der Zeit in Imst ein interkulturelles Training und eine intensive Vorstellung des Werks in Uganda statt, daneben Jüngerschaftstraining und Bibelstudium. Nicht zuletzt lernen sich zukünftige Volontäre kennen, was die Vorfreude auf Uganda erhöht.

Während dieser Kennenlernphase in Imst fällt dann die letztendliche Entscheidung für oder – eher selten – auch gegen ein Volontariat in Uganda. Nun kann der Flug gebucht, können die Vorbereitungen getroffen und die Koffer hervorgeholt werden. Jeder Volontär steht über E-Mail und WhatsApp mit uns als Leitern und einem zugeteilten Paten – einem Volontär, der schon in Uganda ist – in Kontakt, sodass alle Fragen und Unsicherheiten schnell beseitigt werden können.

Die Arbeitsbereiche der Volontäre sind sehr vielseitig und auch abwechslungsreich: Betreuung der kleinsten Kinder aus den Waisenhäusern, Mitarbeit in Kindergarten und Schule, Einsatz in den Waisenhäusern, Unterstützung der Waisenhausmütter, Mithilfe in der Küche, Fahrten und Besorgungen mit einem kleinen Truck erledigen, Reparaturen, Projekte durchführen, Ferienprogramm organisieren, Übersetzungsarbeiten u.v.m.

Ein Zuhause haben wir in einem neu erbauten Volontärshaus mit viel Platz für gemeinsame Aktivitäten, aber auch Rückzugsorten für den Einzelnen geschaffen. Uns als Volontärsleitern ist es wichtig, in engem Kontakt und persönlichem Austausch mit jedem einzelnen Volontär zu sein. So sind wir jederzeit für alle Eventualitäten erreichbar und ansprechbar. Oftmals werden wir liebevoll Volontärseltern genannt.

Genau das sehen wir als unsere Berufung in der Zeit, in der der Herr uns an diesem Platz eingesetzt hat. Ein Stück weit Begleitende zu sein in einer Zeit, die sehr speziell, begeisternd, aber auch herausfordernd ist. Oftmals sind einige der jungen Menschen das erste Mal alleine über einen längeren Zeitraum von zu Hause weg, in einer anderen Kultur und vielen, bis dahin unbekannten Nöten ausgesetzt. Gemeinsame Treffen zu Lobpreis und Bibelstudium gehören dazu wie auch das Angebot intensiven Austausches mit jedem Einzelnen zu den Themen, die ihn oder sie gerade bewegen.

Immer wieder begeistert uns der Einsatz, die Kreativität, die Liebe, mit der sich die jungen Leute investieren, aber auch ihre Offenheit, Lernbereitschaft und die Veränderungen, durch die sie in dieser sehr besonderen Zeit gehen. Die Gespräche am Ende der Volontärszeit oder auch die Kontakte nach der Rückkehr in die Heimat zeugen davon, wie wertvoll und blickverändernd solch ein Volontariat sein kann.

Unser Wunsch ist es, die junge Generation zu unterstützen, zu ermutigen, zu begleiten und mitzuhelfen, dass sie vorangehen und unsere Länder prägen und verändern; dass sie lernen, in stabilen Ehen und Familien zu leben, Salz und Licht zu sein. Immer ist es ein Geben und Nehmen. Wir selbst sind unendlich beschenkt durch diese kostbaren Menschen, die jedes Jahr zu uns kommen und eine Zeit ihres Lebens einsetzen, um sich zu verschenken. Dabei lernen sie sehr schnell ein Prinzip im Königreich Gottes kennen: Je mehr ich verschenke, umso mehr empfange ich. Das erleben wir, das erleben die Volontäre, davon spricht Mama Maria – es ist für jeden erfahrbar, der sich darauf einlässt!

Gerd und Regina Rumpf

Zwei unserer Volontärinnen berichten:

Es war mein Wunsch, meinen Horizont zu erweitern. Es war mein Wunsch, einmal etwas Neues zu sehen, aus meiner behüteten Umgebung herauszukommen. Es war mein Wunsch, mich anderswo einzubringen. Und außerdem sehnte ich mich danach, ein Abenteuer mit Gott zu erleben. All diese Sehnsüchte trieben mich dazu, ein Volontariat bei »Vision for Africa« zu beginnen.

Uganda ist anders, so anders als Deutschland. Ja, es gibt Reichtum und an den meisten Orten fließend Wasser, Strom und Internet. Allerdings findet man auch das genaue Gegenteil und manchmal liegen diese beiden Gegensätze nicht weit auseinander.

Auf den Straßen sieht man viele Menschen. Es gibt riesige Städte mit einer Menge Verkehr und vielen Taxis.

Uganda ist laut. Die Grillen sind laut, die Vögel sind laut und die Musik ist laut. Und es ist grün, viel grüner als man vielleicht denkt, wenn man den Begriff »Afrika« hört.

Gott hat mich in dem halben Jahr, in dem ich dort sein durfte, und auch in den sieben Wochen Vorpraktikum in Imst in Österreich sehr beschenkt. Ich hatte zu Beginn meines Volontariats eine Reihe von Gebetsanliegen, und Gott hat sie allesamt erhört, aber nicht alle so, wie ich es mir vorgestellt hatte. Vor einiger Zeit habe ich mal einen Spruch gehört, an den ich immer wieder denken muss: »Gottes Antworten auf Gebet sind: 1. ›Ja‹, 2. ›noch nicht‹ oder 3. ›Ich habe etwas Besseres für dich!‹«

In dieser Zeit, fern von meinem geregelten deutschen Alltag, konnte ich wirklich erfahren, was es bedeutet, auf Gott zu vertrauen. Und zwar geht es dabei nicht nur darum, ihn in guten Zeiten zu loben, sondern ihn vor allem in den schweren Tagen zu preisen, ihm zu danken, ihn zu ehren.

Auch wenn Gottes Pläne anders aussehen als unsere, so stimmt es doch: »Gottes Zeitplan entspricht selten dem unseren, aber es lohnt sich immer, ihm zu vertrauen und auf ihn zu warten.« Er ist mein Schöpfer, er hat mich mit Liebe ins Leben gerufen, warum sollte er mich mit meinen Problemen alleinelassen?

Meine Aufenthalte in Imst und Uganda waren sehr intensiv für mich. Ich durfte viel lernen, viel erleben und sehen und viele Freundschaften schließen. Und immer war Gott ein Teil davon.

Außerdem habe ich gemerkt, dass das Leben mit Gott ein Abenteuer ist. Er ruft heraus, heraus aus der Komfortzone, denn nur außerhalb der engen vier Wände hat man auch die Möglichkeit, sich zu entfalten. Gott möchte mehr für uns. Er möchte, dass wir wachsen und erblühen. Wie sollte das anders gehen, als dass wir losgehen und danach streben?

Ich bin Gott sehr dankbar für die Geschenke, die er mir gemacht hat, dankbar für die Möglichkeit, so in ihm zu wachsen, und dankbar für die Leute, die er mir dazu zur Seite gestellt hat. Dieses Jahr war das außergewöhnlichste und bereicherndste, das ich bisher erlebt habe. Allerdings bin ich gespannt, was mit ihm an meiner Seite noch auf mich zukommen wird.

Ayleen Mertens

Ich heiße Christina, komme aus Salzburg und bin seit fünf Jahren Krankenschwester. Aufwachsen durfte ich in einer fünfköpfigen Familie. Die Verwandtschaft meiner Mama war sehr gläubig und so wurde ich schon als kleines Kind immer wieder in den Gottesdienst am Sonntag mitgenommen.

Ich war ein sehr schüchternes Kind, und ich bekam immer

Einige Volontärinnen beim Spielen mit den Kindern

wieder zu hören, dass ich hässlich oder zu dick sei. Diese Worte haben sich bis ins Erwachsenenalter fest in mein Herz gebrannt.

Als meine geliebte Oma im Jahr 2004 (ich war 15 Jahre alt) sehr schnell an Krebs verstarb, wandte ich mich von Gott ab – ich gab ihm die Schuld dafür. Sie war einer der wenigen Menschen, wo ich wirklich so sein konnte, wie ich war, und mich bedingungslos geliebt fühlte. Es dauerte Jahre, bis ich darüber hinwegkam. Ich wurde rebellisch, fand Freunde in der Metal-Szene, suchte den Kontakt zu Männern und versteckte mich hinter Tonnen von Schminke. Nach dem Scheitern meiner ersten längeren Beziehung suchte ich verzweifelt nach dem Sinn des Lebens, den ich im Jahr 2012 endlich in Jesus fand. Ab diesem Zeitpunkt suchte ich seine Nähe und versuchte, mein Leben umzugestalten. Ich probierte dies jedoch vor allem mit eigenen Mitteln, ohne Jesus miteinzubeziehen. So führte ich ein Doppelleben zwischen Welt und Gott, was mich sehr viel Kraft kostete.

Ich musste etwas in meinem Leben ändern, das war mir klar. Plötzlich sprach Gott während einer Gebetszeit zu Pfingsten ganz klar in mein Herz: Du musst nach Afrika! Als ich auch von meinem christlichen Umfeld Bestätigung zu diesem Ruf bekam, beschloss ich, diesem zu folgen. Ich kündigte meine Arbeit, meine Wohnung und entschied mich für ein Volontariat bei »Vision for Africa« in Uganda.

Für das Volontariat war eine 7-wöchige Vorbereitungszeit in Imst/Tirol notwendig. Schon dort durfte ich Wunderbares erleben. Wir hatten jede Woche Bibelabende, Jüngerschaft und persönliche Gebetszeiten. Ich wurde reich beschenkt. Zum Beispiel war ich mit vielen Menschen (Schule, Familie, Exfreunde etc.) in Unvergebenheit und durfte lernen, zu vergeben und auch um Vergebung zu bitten. Mein Gottesbild änderte sich ebenfalls stark. Ich war immer der Meinung gewesen, dass ich etwas leisten muss, um geliebt zu werden – in Imst durfte ich die vollkommene Liebe Gottes zu mir ganz neu erkennen.

Mit einer Sache hatte ich dennoch zu kämpfen: mich hinter einer Maske aus Schminke zu verstecken. Ich hatte in einer Gebetszeit stark den Eindruck, dass Gott mich davon heilen möchte, und flog mit dieser Sehnsucht nach Uganda. Vorher hatte ich einen mutigen Schritt gewagt: Ich stieg vollkommen ungeschminkt ins Flugzeug, damit mich die Menschen in Uganda »ganz natürlich« kennenlernen konnten. Am Anfang war dies ein sehr eigenartiges Gefühl, doch als ich sah, dass sich keine der anderen Volontärinnen schminkte, beruhigte mich dies sehr. Von Tag zu Tag wurde es immer normaler, und ich durfte erkennen, dass ich unabhängig von Schminke oder tollen Klamotten geliebt war! Das war eine wichtige Erkenntnis, welche ich wohl ohne die Zeit in Afrika nie gemacht hätte! Gott hat mich in diesem Bereich wirklich geheilt!

Ein weiterer Punkt, mit dem ich sehr stark zu hadern hatte, war der starke Wunsch nach einem Ehemann. Immer mehr

Menschen aus meinem Freundeskreis heirateten oder bekamen schon die ersten Kinder, und ich war noch immer allein. Ich war der starken Meinung, dass ich nicht beziehungsfähig sei, weil alle meine bisherigen Beziehungen in die Brüche gegangen waren und ich von vielen Männern verletzt worden war. Da auch die anderen Volontärinnen den Wunsch hatten, immer mehr zu Frauen Gottes zu werden, wurde die Frauen-Jüngerschaft eingeführt, wo wir speziell Themen wie Frausein, Beziehung, Ehe, Sexualität behandelten. Grundlage dafür waren die Frauen in der Bibel, aber auch unsere Voli-Mama Regina hat uns bei diesen Treffen sehr viele persönliche Erfahrungen und Tipps weitergegeben.

Auch nach Uganda geht es positiv in meinem Leben weiter. Im Bereich der Selbstannahme darf ich immer noch große Fortschritte sehen; ich muss mich kaum noch schminken und fühle mich dabei viel wohler und schöner als vorher. Ich verstecke meinen Glauben nicht mehr, darf viel freimütiger sein und versuche, den Menschen, vor allem bei meiner Arbeit im Krankenhaus, von Jesus zu erzählen. Ich habe gelernt, mein Leben viel mehr zu schätzen, dankbar zu sein für vieles, zum Beispiel ein Dach über dem Kopf, fließend kaltes und warmes Wasser, Strom, ein Bett oder genug Essen zu haben. Diese Dinge sind, wie ich in Uganda sehen durfte, absolut nicht selbstverständlich, und trotzdem kann ich mir in Hinsicht auf Lebensfreude eine Scheibe von diesen Menschen abschneiden.

Und einer meiner größten Wünsche ist wahr geworden: Seit gut einem Jahr darf ich an der Seite eines wunderbaren Mannes sein, welcher genau dem Männerbild entspricht, wie ich es in Uganda auf meiner Checkliste niedergeschrieben und im Gebet vor Gott gebracht habe. Wir haben uns bereits verlobt und freuen uns auf eine Ehe, wie es Gott vorgesehen hat.

Christina Galler

Der Vision Choir

Ein wahrer Traum ist für mich im Jahr 2008 in Erfüllung gegangen. Die Kinder in unserer Grundschule sind, wie viele Afrikaner, sehr musikalisch und lieben es, zu singen und zu tanzen. Für uns Europäer, die wir höchsten einmal ein bisschen im Takt klatschen, ist es faszinierend, wie rhythmisch und begeistert sie sich bewegen und welche Freude sie dabei ausstrahlen.

Eines Tages kam mir die Idee: Könnten wir nicht einen Kinderchor gründen und mit diesem dann durch die deutschsprachigen Länder touren? So würden wir auch in Europa ein wenig von der afrikanischen Leidenschaft – auch für Gott! – vermitteln, und es wäre außerdem eine tolle Möglichkeit für unsere Kinder, etwas zurückzugeben für die Liebe, die sie durch ihre Paten erfahren haben.

Wie so oft machte ich die Erfahrung, dass so eine Idee, wenn sie vom Herrn kommt, auch Wirklichkeit wird. Natürlich steckte sehr viel Organisation dahinter: Wir mussten die Visa für die Kinder beantragen und in Deutschland und Österreich Veranstaltungsorte finden, die auch so lagen, dass wir sie innerhalb von drei Monaten gut bereisen konnten. Dafür brauchten wir einen Bus und ein bis zwei Busfahrer. Außerdem Unterkünfte, wobei wir nicht jede Nacht woanders schlafen wollten, sondern möglichst wochenweise an einem Ort bleiben wollten, um von dort dann zu den einzelnen Konzerten aufzubrechen. Doch Gott ist treu, und er versorgte uns mit allem, was wir brauchten.

Von September bis Dezember 2008 fand also die erste Tournee des Vision Choirs mit Kindern aus unserer Grundschule statt. Wo wir auch hinkamen, brachten die Kinder Freude in die Herzen der Zuhörer, die man mit Worten schwer beschreiben kann. Es war für uns alle eine wertvolle und segensreiche Zeit, und wir waren so dankbar für alle Begegnungen, die wir haben durften. Überall durften wir erleben, mit welcher Liebe alles für uns vorbereitet war: die Quartiere, das Essen, die verschiedenen Veranstaltungsorte. Viele, viele Helfer standen uns zur Seite, und auch Firmen waren bereit, uns mit Nahrungsmitteln oder Kleidung zu unterstützen.

Ein Besucher schrieb hinterher:
Ich kam am Sonntag eigentlich ohne große Erwartungen in die Gemeinde – so ein Kinderchor war ja vielleicht süß, aber würde mir vermutlich geistlich nicht so viel geben. Doch was ich dann dort erlebte, überstieg all meine Vorstellungen! Mama Maria, wie die Kinder sie nennen, erzählte von der Armut und den schweren finanziellen Nöten, unter denen Tausende afrikanische Kinder leben müssen. Als die Kinder begannen, zu singen und zu tanzen, wurde mir allerdings klar, wer wirklich arm ist: Es sind wir, die wir in Armut und Unzufriedenheit leben!

Als ich gesehen habe, mit welcher Lebensfreude und Begeisterung diese Kinder dabei sind, konnte ich nur den Hut ziehen.

Ich sprach anschließend mit Maria über die weiteren Pläne des Chors, und sie erzählte mir, dass sie am kommenden Mittwoch eigentlich gern in ein Schwimmbad gegangen wären, dass aber das Bad im Nachbarort derzeit geschlossen habe. Ich selbst arbeite in einer großen Therme, und da ich mich sofort in diese Kinder »verliebt« habe, gab mir der Heilige Geist die Idee, alle dorthin einzuladen.

Gesagt, getan. Drei Tage später tummelten sich die Kinder dort im Schwimmbecken, und ich sah solch strahlende Kinderaugen, wie ich sie vorher noch nie gesehen habe. Eigentlich war ich bereit gewesen, die Kosten für die Gäste zu übernehmen, aber meine Chefin hat die ganze Gruppe dann selbst eingeladen, und zwar nicht nur zum Schwimmen, sondern auch noch zum anschließenden Abendessen! Als Dank gaben die Kinder ein Konzert im zugehörigen Hotel, das von so vielen Hotelgästen besucht wurde wie nie zuvor. Und die Gäste waren begeistert! So etwas Schönes hätten sie noch nie erlebt, meinten viele hinterher. Halleluja!

Meine Frau und ich entschlossen uns spontan, eine Patenschaft für ein Kind zu übernehmen, und sind jetzt stolze Pateneltern von einem zwölfjährigen Jungen.

Alexander Hausegger

Manche fragten mich nach der ersten Reise, ob es für die Kinder nicht schwer sei, nun wieder in ihre bescheidenen Verhältnisse zurückzukehren. Doch ihnen ging es auch nach der Rückkehr in Uganda sehr gut. Durch ihren Einsatz gewannen sie an Selbstbewusstsein und Gottvertrauen. In der Schule verbesserten sie sich sogar noch, waren kooperativer und zielstrebiger, weil sie eine neue Perspektive für ihr Leben bekommen hatten.

Nun wollten wir uns auch in Afrika zum Segen einsetzen lassen. Mit einem Bus besuchten wir mit dem Vision Choir regelmäßig Gemeinden in Uganda und sangen dort. Dabei wollten wir den Menschen auch vermitteln, wie wichtig Kinder sind und dass man für sie schon früh Verantwortung übernehmen muss.

Von März bis Mai 2011 fand dann die zweite Tournee statt. Dazu ein paar Zahlen:

16 Kinder * 8 Erwachsene * 90 Tage unterwegs * 3 Länder bereist * 13 000 km Fahrt * 68 Konzerte * ca. 17 000 Besucher * Konzerte an Orten von 5 m Seehöhe (Stralsund) bis 1 670 m (Hochfelln) * viele kleine Auftritte in Schulen, Kindergärten, Fußgängerzonen, Seniorenheimen * viele Freizeitaktivitäten.

Auch dieses Mal erreichten uns berührende Zeugnisse von Besuchern. Die Kinder sangen und tanzten sich in die Herzen der Zuschauer, und überall wurden Vorurteile abgebaut, Mauern niedergerissen und viele schwarz-weiße Freundschaften geschlossen. Vor allem aber wurde Jesus ins Zentrum gestellt, und viele hatten erstmals eine Begegnung mit ihm oder waren nach dem Konzert ganz neu von ihm berührt. Immer wieder erlebten wir auch Heilungen, wenn wir mit den Kindern für die Mitarbeiter vor Ort oder für Besucher beteten. Wir alle wurden reichlich gesegnet.

Unser Kinderchor live in Aktion

2014 fand die dritte Tournee statt und 2017 dann die vierte. Ich bin so dankbar für diese Gelegenheiten, bei denen wir stets viele Wunder erleben dürfen. Einmal durften wir in einem nagelneuen Bus fahren, der sogar unseren Schriftzug außen kleben hatte. Ein anderes Mal waren wir eine Woche lang in einem Schloss untergebracht – wir sind nicht nur Königskinder, sondern wurden auch so untergebracht!

Überall zu Hause

Aber zurück zu der Frage, wo ich mich eigentlich zu Hause fühle. Das ist für mich nicht leicht zu beantworten, denn ich habe mich entschieden, immer ganz dort zu sein, wo ich gerade bin. Emotional bin ich mehr in Uganda, weil hier meine Kinder sind, die ich sehr liebe und umgekehrt auch.

Natürlich freue ich mich, dass ich jedes Jahr doch noch ein wenig Winter und Frühling und manchmal auch Herbst erleben darf. Denn diese ausgeprägten Jahreszeiten fehlen hier in Uganda. Wir haben das ganze Jahr mehr oder weniger dasselbe Klima (zwischen 18 und 30 Grad). Manche Bäume blühen und tragen gleichzeitig Früchte, und wenn der Wind geht, fallen auch viele Blätter auf den Boden. Es gibt zwar Regen- und Trockenzeiten, aber auch in den Regenzeiten scheint die Sonne sehr viel.

Ich habe dem Herrn schon vor langer Zeit den Freiraum gegeben, mit mir zu machen, was er will, wie er will und wann er will, und das tut er auch! Außerdem freue ich mich, dass mein Dienst im Reich Gottes in Europa durch die Arbeit in Uganda nicht verringert wurde. Im Gegenteil, meine Botschaften scheinen mehr »Gewicht« zu haben, seit ich in Uganda bin. Und so bin ich so ungefähr 50 Prozent meiner Zeit in Uganda und 50 Prozent in Europa.

Wenn ich nach Europa komme und mein »Manager« in Imst mir den Terminkalender vorlegt, bin ich immer dankbar, dass die Zeit so erfüllt ist. Manchmal fahre ich 10 000–15 000 km in zwei bis drei Monaten und predige fast jeden Tag, manchmal auch zweimal.

Anfangs hatte ich Bedenken, ob ich wohl meine Freundschaften, die mir sehr viel bedeuten, auf diese weite Distanz aufrecht erhalten kann. Es ist für mich eine angenehme Überraschung, dass ich keine meiner Freundschaften oder Familienbeziehungen verloren habe, im Gegenteil, die Begegnungen sind umso intensiver, wenn wir uns sehen, und außerdem leben wir in einer Zeit mit Internet, WhatsApp und Skype. Da kann man sogar über Tausende von Kilometern gratis telefonieren! Welch ein Geschenk!

Ich bin so dankbar, dass mir der Herr ein missionarisches Herz gegeben hat – und einen ebenso missionarischen Körper! Ich schlafe in jedem Bett, auch am Boden, esse alles, bin sehr flexibel und kann mich schnell auf neue Situationen einlassen. Wenn ich ins Flugzeug steige, stelle ich die Uhr sofort auf die Zeit in meinem Ankunftsland um!

Der Herr hat mir einmal gesagt, ich sei ein rotes Blutkörperchen im Leib Christi, und das sitzt nicht herum, sondern bleibt in Bewegung, bringt Leben und entfernt Fremdkörper! Noch dazu halten die ständig neuen Menschen, Orte und auch Sprachen sehr aktiv und jung. Wer rastet, der rostet!

Es ist für uns eine große Freude, dass uns ganz viele Menschen aus der westlichen Welt, auch aus Israel, besuchen kommen, denn dann lernen sie meine Umgebung in Uganda kennen, und die meisten verlieben sich in dieses herrliche Land! Komm doch auch einmal und schau dir diesen herrlichen Kontinent an mit vielen köstlichen Früchten und herrlichen Tieren!

Warzenschwein

Büffel

Giraffe

Bei allen Wundern und glücklichen Momenten mussten wir 2016 doch auch einen schweren Schlag verkraften: Mein Sohn Richard kam bei einem Autounfall ums Leben. Doch ich weiß: Gott macht keine Fehler. Richard ist nun bei seinem Papa im Himmel und hat es gut.

17 Abschied von Richard

Geburtstagsfeier

Es war ein wunderschöner, strahlender Tag. Wir alle hatten uns in unsere besten Gewänder gehüllt, um den 30. Geburtstag meiner Zwillingssöhne Richard und Patrick zu feiern. Da der 12.6.2016 auf einen Sonntag fiel, begannen wir den Tag mit dem Gottesdienst in unserer Gemeinde. Richard hatte bereits seit einigen Wochen eine starke Zeit der Versöhnung erlebt mit Menschen, die er verletzt hatte. Er hatte sie aufgesucht und sich entschuldigt. Viel Heilung war bereits geschehen. Nun kniete er an diesem Morgen vor der Gemeinde und bat auch dort um Vergebung für all seine Zielverfehlungen. Im Anschluss konnten wir als Familie zusammen das Abendmahl feiern. Als wir gemeinsam beteten, dankten wir vor allem für den Segen, den Gott durch Patrick und Richard in unser aller Leben, aber auch in das Reich Gottes gebracht hatte. Ich ließ die letzten Jahre, die ich zusammen mit ihnen verbringen durfte, noch einmal vor meinem inneren Auge vorbeiziehen – wie gut Gott doch war, dass er uns zusammengebracht hatte!

Dankbar war ich auch, wie sehr die Familie in den letzten Jahren gewachsen war. Wir waren nun nicht mehr zu viert, sondern ich hatte zwei wunderbare Schwiegertöchter bekommen und mein erstes Enkelkind, Abigail, die Tochter von Richard, gerade einmal sechs Monate alt. Mit dazu gehörte außerdem David, ein kleiner Waisenjunge, den Richard und seine Frau bei sich aufgenommen hatten, nachdem er schwerste Verbrennungen erlitten hatte. Richard hat den zum Sterben aufgegebenen Jungen so lange mit ärztlicher Hilfe versorgt, bis er wieder lebensfähig war. Heute ist der Junge eine Freude für uns alle und voller Zuversicht, dass sein Leben Sinn hat.

Nach dem gemeinsamen Essen machten wir ein paar Fotos draußen. Richard und Patrick alberten dabei herum und hatten sichtlich ihren Spaß. Der ganze Tag war geprägt von einer tiefen Liebe füreinander und einer friedvollen Atmosphäre. Wir alle blickten zuversichtlich in die Zukunft.

Ein schrecklicher Unfall

Nur drei Tage später brach die Welt für uns zusammen. Richard war mit dem Auto unterwegs zu einer Gerichtsverhandlung in den Norden Ugandas. Er vertrat dort Bekannte von Freunden, die Land kaufen wollten, dafür aber bisher nicht die richtigen Papiere bekommen hatten. Als Rechtsanwalt setzte er sich unermüdlich für die Armen und Benachteiligten ein. So hatte er sich auch hier ohne Zögern bereiterklärt, die lange Fahrt auf sich zu nehmen und zu helfen. In Masindi, fast vier Fahrstunden von uns entfernt, kam das Auto von der Straße ab und überschlug sich mehrfach. Er hatte wahrscheinlich einen Herzinfarkt und verlor so die Kontrolle über den Wagen. Vier weitere Rechtsanwälte, die

Familie Prean am 12.6.2016

mit ihm unterwegs gewesen waren, stiegen quasi unverletzt aus
dem Auto aus. Doch Richard war auf der Stelle tot.

Als das Telefon klingelte und mir die herzzerreißende Nachricht überbracht wurde, dass Richard an schweren Kopfverletzun-
gen gestorben war, stand die Welt für einen Moment still. Wie
konnte das sein? Eben hatten wir doch noch zusammen gefeiert,
uns auf die kommenden Jahre gefreut. Und jetzt sollte das alles
nicht mehr sein?

In einer Vision sah ich plötzlich Richards lächelndes Gesicht
vor mir. Er sagte: »Mama, all is well!« (»Mama, alles ist gut!«)
Plötzlich bekam ich neue Hoffnung. Vielleicht konnten wir das
Schlimmste doch noch irgendwie verhindern, ja, rückgängig machen? Ich holte die Familie und das gesamte Team vor Ort zusammen. Gemeinsam flehten wir Gott an, einzugreifen, ein Wunder
zu tun. Er war allmächtig und der große Arzt. Für ihn war es eine
Kleinigkeit, Richard ins Leben zurückzuholen. »Gott, tu etwas!
Rette meinen Sohn!« Wir schrien unseren Schmerz hinaus, weinten Tränen, proklamierten die Stärke und die Güte Gottes. Ir-

gendwann fühlten wir uns nur noch leer. Da kam ein tiefer Frieden über uns. Ich war seltsam gefasst. Ich wusste, dass Gott keine Fehler macht. Sein Trost erfüllte mein Herz.

Wir fuhren noch die weite Strecke zur Unfallstelle, aber dort erkannten wir, dass es keine Hoffnung mehr für ein Zurückkommen von Richard gab. Er war nun in der Ewigkeit, und zwar ohne Todeskampf oder Schmerzen.

Richard hat es jetzt gut. Wir verstehen nicht, warum er viel zu früh gehen musste. Warum seine geliebte Frau nur ein gutes Jahr nach der Hochzeit als Witwe zurückbleibt. Warum seine süße Tochter Abigail ihren Papa nur von Fotos kennen wird. Aber wir fragen nicht nach dem Warum. Gott hat den besten Plan für unser Leben. Er ist gut und er macht keine Fehler!

Abschiednehmen

Der Abschiedsgottesdienst fand noch am selben Abend in der Community Hall von »Vision for Africa« in Kiyunga statt. An die 2 000, vor allem junge Leute kamen, um von ihm Abschied zu nehmen. Ich hatte keine Ahnung gehabt, wie bekannt Richard hier in Uganda gewesen war und wie viele Menschen er berührt hatte. Doch durch seine Lobpreismusik und auch seinen Beruf als Rechtsanwalt war er viel im Land herumgekommen. Während er Gott bei der Anbetung verherrlicht hatte, waren Seelen geheilt worden und war Vergebung geflossen. Menschen hatten zum ersten Mal eine Begegnung mit Gott gehabt und waren von ihm berührt worden. Unzählige Weitere hatte er vor Gericht vertreten, hatte für ihr Recht und ein besseres Leben gekämpft.

Wir weinten und trauerten, aber es wurde uns auch bewusst, dass sein zerbrochener Körper nur noch eine Hülle war. Richard war in der Herrlichkeit Gottes, und wir wussten, dass er jetzt erleben durfte, was er immer geglaubt hatte: dass auf die, die den Herrn lieben, eine Herrlichkeit wartet, die kein Auge auf Erden je gesehen, kein Ohr gehört hat und die in kein Menschenherz eingedrungen ist (1. Korinther 2,9).

Am Donnerstagabend fuhren wir mit Richards Sarg auf den Gebetsberg. Wir brachten ihn in unser Wohnzimmer und die engste Familie und innigsten Freunde versammelten sich noch einmal. Gemeinsam beteten wir die ganze Nacht hindurch, wir lobten und priesen unseren Herrn. Patrick und sein Team begleiteten uns mit ihren Instrumenten. Die Gegenwart Gottes war spürbar im Raum, als wir ihm unsere Herzen ganz neu hinhielten. Es war eine solch intensive Zeit, dass wir Glauben hatten, Gott könnte das Unvorstellbare tun und ihn wieder zum Leben erwecken. Doch Richard blieb außerhalb seines irdischen Körpers. Er kam nicht aus dem Sarg heraus und hat es jetzt viel besser als jeder Einzelne von uns.

Richards Sarg bei der Abschiedsfeier

Am Freitag trugen wir ihn dann in der Begleitung von seiner ganzen Familie, allen Verwandten und Hunderten von Freunden und Bekannten auf dem Gebetsberg zu seiner letzten irdischen Ruhestätte direkt neben unserem Wohnhaus, hoch über dem Victoriasee. Riesige Blumenbouquets schmückten seinen Sarg. In der rötlichen Erde um sein Steingrab herum wachsen ein paar niedrige Sträucher und Büsche. Von dort oben hat man einen grandiosen Weitblick.

Der große Gottesmann Hieronymus, der zwischen 331 und 420 lebte, sagte folgende tröstende Worte: »Wir sollen nicht trauern, dass wir die Toten verloren haben, sondern dankbar dafür sein, dass wir sie gehabt haben, denn wer heimkehrt zum Herrn, bleibt

An Richards Grab

in der Gottesfamilie und ist uns vorausgegangen.« Und Jesus sagte in Johannes 11,25: »Ich bin die Auferstehung und das Leben. Wer an mich glaubt, wird leben, auch wenn er stirbt.«

Ich erhielt unheimlich viele Anrufe, Mails, Facebook-Botschaften und Briefe der Anteilnahme. Viele Menschen schrieben, was sie an Richard geschätzt hatten und was er für sie getan hatte. Es war überwältigend. Freunde schickten mir die folgenden Zeilen, die ebenfalls von Hieronymus stammen: »Ich sterbe, aber meine Liebe zu euch stirbt nicht. Ich werde euch vom Himmel herab lieben, wie ich euch auf Erden geliebt habe.« Wir vertrauen auf diese Worte. Unglaublich dankbar bin ich auch für all jene, die während dieser schweren Zeit für uns beteten. Täglich haben wir den Frieden, den Trost und die Versorgung Gottes gespürt, die so in unser Leben kamen.

Das Leben geht weiter

Und mit jedem Tag, der verging, kehrte auch der Alltag wieder in unser Leben ein. Mehr denn je lebte ich nach dem Motto: »Lasst uns jeden Tag so leben, als wäre es der letzte, und so planen, als würden wir nie sterben. Dann haben wir alles ›abgedeckt‹!«

Ich musste mich um die vielen Anliegen von Vision für Afrika kümmern, darunter auch um unsere neue »Berufung«: Karamoja. Richard hatte mir kurz vor seinem Tod noch gesagt, dass er gerne Teil von dieser neuen Arbeit werden wollte. Diesem Wunsch wollten wir gedenken, daher beschlossen wir nun, den Dienst das »Richard und Angel Prean«-Projekt zu nennen. Im August, nur zwei Monate nach Richards Tod, begannen wir dort mit den ersten Baumaßnahmen.

Ich kann nur staunen, dass der Herr immer noch neue Pläne hat. Ich sage immer: Bei Mose ging es auch erst mit 80 Jahren richtig los. Ich bin gespannt, was alles noch vor mir liegt. Wenn der Herr mir den Auftrag gibt, bin ich zu allem bereit.

18 Gott erweitert mein Gebiet – immer weiter

Die Ärmsten der Armen

Karamoja liegt im Nordosten von Uganda und ist der unterentwickelteste Landesteil im ganzen Staat Uganda. Kein Minister wollte dort die Verantwortung übernehmen. Es leben dort viele Tausende Nomaden, die große Viehherden besitzen. Diese sind ihr ganzer Stolz. Als Museveni 1986 Präsident wurde, waren die Leute dort noch alle bewaffnet und haben sich gegenseitig die Kühe gestohlen. Die Kinder, die für die Betreuung der Tiere zuständig waren, wurden dabei oftmals ermordet.

Der Präsident hat alle Waffen konfiszieren lassen und so Frieden in die Gegend gebracht. Leider sind wohl zwei Minister, die er dort einsetzte, zur Gegenpartei übergetreten, da sie glaubten, der Präsident habe etwas gegen sie, dass er sie mit dieser extrem unterentwickelten und nicht sicheren Gegend »bestrafe«. Schließlich fragte er seine Frau Janet, ob sie bereit wäre, dort nach dem Rechten zu sehen und die Entwicklung in diesem Landstrich zu fördern. Wie ihr Gatte liebt sie die Menschen und das Land. So hat sie sich berufen gefühlt, den armen Menschen dort Hoffnung und neues Leben zu bringen.

Straßen wurden gebaut, Elektrizität kam in die Gegend, ein großes Krankenhaus und Schulen wurden errichtet. Vor allem hat sie das Denken der Menschen, besonders der Frauen, sehr verändert und sie ermutigt, beherzt voranzugehen, hart zu arbeiten und sich nicht vor Veränderung und Erneuerung zu scheuen.

Mama Janet fragte mich bei einem unserer Treffen, ob ich nicht helfen könnte, das Land in Karamoja zu entwickeln. Ich versicherte ihr, dass ich an Bord wäre, wenn ich den Auftrag von Gott bekäme – aber bisher sei das nicht der Fall gewesen.

Auch ein messianischer Jude lud mich ein, mit ihm Entwicklung in diese Gegend zu bringen. Er lebte in England, hatte aber großes Interesse besonders an dieser Gegend, da der Staat Uganda dem jüdischen Volk Karamoja zur Ansiedlung angeboten hatte, bevor klar war, dass sie sich in dem damaligen Palästina niederlassen durften.

Er weihte mich auch in die letzten Forschungsergebnisse von Archäologen ein, die festgestellt hatten, dass im Süden von Äthiopien, im Westen von Kenia, im Süden von Südsudan, im Norden von Ruanda und vor allem im Nordosten von Uganda 7 Millionen Menschen wohnen, die auf König Salomo und die Königin von Saba zurückgehen. Diese Volksgruppe wurde durch die willkürlichen Grenzen, die von Menschen aus dem Westen gezogen wurden, getrennt, aber jetzt wollten sie sich wieder vereinigen. Das faszinierte mich, denn ich hatte immer ein Herz für das jüdische Volk gehabt, aber die Türen nach Israel hatten sich nur sporadisch geöffnet.

Doch auch diesem jüdischen Bruder musste ich sagen, dass ich zuerst den Auftrag von Gott bekommen muss, bevor ich bereit bin. Denn nur wenn Gott der Initiator einer Sache ist, kann man auch voll vertrauen, dass sich alles andere wie von selbst ergibt, die Pläne, die Menschen, die Ideen und vor allem die Finanzen.

Gott spricht klar und deutlich

2015 war ich in einer wunderbaren Gemeinde in Heidelberg, deren Pastor prophetisch begabt ist. Vormittags und abends war ich mit Predigen dran, aber der Pastor übernahm die Nachmittage. Einmal ging es um das Thema »Prophetisches Hören und Beten«. Wir wurden ermutigt, jetzt auf Gott zu hören, denn er wolle vielen von uns Neues offenbaren.

Ich ließ mich darauf ein und fragte Gott, ob er auch für mich etwas Neues geplant habe. Prompt kam die Antwort: »Ja, ich habe ein neues Gebiet für dich vorbereitet!« Auf meine erstaunte Frage: »Wo?«, hörte ich: »Karamoja!« Ich sollte dort viele Brunnen graben.

Mit einigen der Ältesten in Karamoja

Etwas später war bei einer unserer Lobpreiskonferenzen, die mein Sohn in Mukono leitete, auch der Bürgermeister einer der größeren Städte von Karamoja anwesend. Ihm erzählte ich von dem Auftrag, den ich von Gott erhalten hatte, und er lud uns ein, mit einer großen Gruppe in den Norden zu kommen, damit er uns den Ältesten vorstellen könne und wir ihnen die Vision bringen könnten, die wir von Gott erhalten hatten.

Gesagt, getan! Wir fuhren mit über zwanzig Menschen aus unserem Werk nach Karamoja. Trotz verbesserter Straßen sind es immer noch zehn bis zwölf Stunden Fahrzeit bei gutem Wetter! Bei Regen kann es auch vorkommen, dass es noch viel länger dauert. Dort angekommen, trafen wir alle wichtigen Kontaktpersonen und wurden mit großer Freude und Dankbarkeit aufgenommen. Ich nahm viele meiner Bücher mit, die schon ins Englische übersetzt waren, und verteilte sie an die Anwesenden, damit sie sich über unsere bisherige Arbeit im Süden und unseren geistlichen Hintergrund informieren konnten.

Regen und Segen

Da in dieser Region sehr viel Hexerei und Zauberei betrieben wurde und immer noch wird, hatten wir den Eindruck, dass wir als Nächstes mit unserer großen Worship-Band, die mein Sohn Patrick leitet, riesigen Lautsprechern und Generator hinfahren sollten, um dort drei Tage und zwei Nächte den Herrn mitten in der Pampa anzubeten und ihm dieses Land wieder neu zu weihen.

Es war eine Zeit, die ich nie mehr vergessen werde. Wir konnten spüren, dass sich die Atmosphäre sehr positiv veränderte. Die Einheimischen gaben mir auch einen neuen Namen: »Nakiru«, das heißt Regen und Segen. Die Menschen meinen, dass sie sich nicht erinnern können, dass es dort jemals so viel geregnet hat. Gott sei Dank! Nur er macht solche Veränderungen möglich!

Wir haben den Verantwortlichen dort auch gesagt, dass wir ihnen alles geben werden, was Gott uns für sie gibt, aber dass sie uns geben sollen, was sie haben. Es gibt dort Tausende von Quadratkilometern mit Brachland. Wir ermutigten sie, uns das Land, das wir für die verschiedenen Projekte brauchten, zu schenken, und zwar notariell beglaubigt. Darauf sind sie gerne eingegangen.

Inzwischen haben wir dort einen Kindergarten für 300 Kinder gebaut, Schlafräume und Speisesäle, viele Lehrerquartiere, ein Headquarter und eine große Kirche, die auch als Mehrzweckhalle verwendet werden kann, zum Beispiel für Konferenzen oder als Klinik.

Auch haben wir viele Brunnen gegraben. Alle Menschen im Umkreis unseres Zentrums haben frisches Trinkwasser für sich selbst und ihre Tiere. Außerdem haben wir eine große Landwirtschaft mit Tröpfchenbewässerung (wie in Israel) begonnen. Es ist vulkanischer Boden, und alles wächst wunderbar, wenn nur das nötige Wasser vorhanden ist.

Im Kindergarten

Bald wird auch ein »Senager Village« fertig sein – ein Senior Teenager Village für 50–60 alte Menschen, die keine Nachkommen haben, und für Lahme und Blinde. Es wird mit einem »Community Center«, Duschen und Toiletten, einem Wächterhaus und einer guten Umzäunung ausgestattet sein. Ein tiefes Bohrloch für Frischwasser wurde gegraben und wird jetzt mit einer Solarpumpe auf einen hohen Wasserturm gepumpt, damit die Menschen im ganzen »Dörfchen« frisches und gesundes, fließendes Wasser haben. Viele dieser alten und armen Menschen, die in desolaten Umständen leben mussten, werden ihren Lebensabend nun in großer Freude und Würde genießen dürfen.

Als nächstes Projekt steht eine Grundschule für insgesamt 700 Schüler an (auch mit Internatsräumen) und ein umfangreiches Krankenhaus mit Entbindungsstation, Zahnarztpraxis, Augenarzt, praktischen Ärzten, Labor und schönen, modernen Operationsräumen. Wir sind gespannt, wie unsere Arbeit dort weitergehen wird! Eines aber weiß ich: Was der Herr anfängt, das vollendet er auch!

Unser »Senager Village«

Schluss

Warum lebe ich so gerne in Uganda? In Uganda erlebe ich, dass ich auf Schritt und Tritt von Gott abhängig und völlig auf ihn angewiesen bin! Mit der (europäischen) »Das schaffst du schon selbst«-Mentalität kommt man hier nicht weit. Ich spüre meine Ohnmacht und Hilflosigkeit, und deshalb brauche ich täglich, stündlich, ja, jeden Augenblick Gottes Barmherzigkeit, seinen Schutz, seine Versorgung und seinen Segen. Ich erlebe in Uganda eine geistliche Armut, die nichts mit der wirtschaftlichen Lage zu tun hat. Und ich weiß: Ich brauche Gott und wir brauchen einander!

Es lohnt sich, sein bequemes, in jeder Hinsicht abgesichertes Leben aufzugeben, um den Armen zu dienen. Denn das, was wir den Armen schenken, geben wir Gott (Sprüche 19,17), und unser himmlischer Vater bleibt uns nichts schuldig und vergütet uns hundertfach mit Zinsen und Zinseszinsen, die sich keine Bank der Welt leisten kann.

Wenn wir das Wort Gottes und besonders die Bergpredigt (Matthäus 5,1-12; NLB) ernst nehmen, dann gehört unser Leben nicht mehr uns. Und genau diese Herzenserkenntnis bringt uns das erfüllteste, segensreichste und lebenswerteste Leben, das man sich hier auf Erden vorstellen kann.

> Eines Tages, als sich immer mehr Menschen um Jesus sammelten, stieg er mit seinen Jüngern auf einen Berg und setzte sich dort hin, um sie zu unterrichten. Und das lehrte er sie: »Gott segnet die, die erkennen, dass sie ihn brauchen, denn ihnen wird das Himmelreich geschenkt. Gott segnet die, die traurig sind, denn sie werden getröstet werden. Gott segnet die Freundlichen und Bescheidenen, denn ihnen wird die ganze Erde gehören. Gott segnet die, die nach Gerechtigkeit hungern,

denn sie werden sie im Überfluss erhalten. Gott segnet die Barmherzigen, denn sie werden Barmherzigkeit erfahren. Gott segnet die, die ein reines Herz haben, denn sie werden Gott sehen. Gott segnet die, die sich um Frieden bemühen, denn sie werden Kinder Gottes genannt werden. Gott segnet die, die ihr Leben Gott ganz zur Verfügung stellen, denn das Himmelreich wird ihnen gehören. Gott segnet euch, wenn ihr verspottet und verfolgt werdet und wenn Lügen über euch verbreitet werden, weil ihr mir nachfolgt. Freut euch darüber! Jubelt! Denn im Himmel erwartet euch eine große Belohnung. Und denkt daran, auch die Propheten sind einst verfolgt worden.

Erst in unserer Ohnmacht erleben wir Gottes Vollmacht und Allmacht. Wir müssen bedürftig werden, um die Liebe Gottes zu erfahren. Mutter Teresa, die für viele ein Ausdruck der personifizierten Liebe Gottes wurde, hat es mit folgenden Worten ausgedrückt: »Ich glaube, es gibt niemanden, der Gottes Hilfe und Gnade so dringend braucht wie ich. Manchmal fühle ich mich so schwach und hilflos. Aber ich glaube, dass Gott mich genau deshalb gebraucht. Weil ich mich nicht auf meine eigene Kraft stützen kann, bin ich 24 Stunden am Tag ganz auf ihn angewiesen. Hätte der Tag mehr Stunden, bräuchte ich in diesen Stunden seine Hilfe und Gnade genauso sehr.«

Wenn ich die Erlebnisse meines Lebens noch einmal Revue passieren lasse, fällt mir auf, dass es einen roten Faden in meinem Leben gibt. Alles, was ich erlebt habe, hatte seinen Sinn und hat mich schließlich hierher nach Uganda geführt.

Oder soll ich vielleicht lieber von Puzzleteilen sprechen, die sich zum Schluss zu einem großen Bild zusammenfügen?

1) Als Kind war ich sehr arm. Deshalb verstehe ich alle armen Kinder hier in Uganda, denen ich nun helfen darf, sehr gut.

2) Weil mein Vater im Krieg war, bin ich ebenso viele Jahre vaterlos aufgewachsen wie viele der Kinder hier in Afrika.

3) Ich habe die Kraft des Gebets und des Glaubens in vielen Lebenssituationen kennengelernt und möchte sie nun hier den Menschen vermitteln.

4) Lehrer und Vorgesetzte haben mich immer ermutigt und mir gesagt, dass Gott noch etwas Besonderes mit mir vorhat. Hier darf ich das nun in den »Schools for Winners« weitergeben.

5) Obwohl ich es zuerst nicht wollte, habe ich Wirtschaft und Handel studiert. Diese Ausbildung hilft mir nun, das große afrikanische Werk richtig zu führen und kluge Entscheidungen zu treffen.

6) Ich durfte selbst als Lehrerin arbeiten und weiß nun hier, wie wichtig die Erziehung in der Schule ist.

7) Als SOS-Kinderdorfmutter habe ich wertvolle Erfahrungen gemacht, die nun den Kinderhäusern hier in Mukono zugutekommen.

8) Mein Traum war es schon immer, Bäuerin zu sein. Er erfüllt sich nun in der großen Landwirtschaft, die ich auf unserem Gelände leiten darf.

9) Sehr schmerzhaft habe ich den Tod meines lieben Mannes Herbert erlebt. Aber nun verstehe ich, dass er mit diesen Plänen und der Berufung, in Afrika zu dienen, nicht mehr hätte mithalten können. Er hat mich bestärkt und ermutigt, die Frau zu werden, die ich nun bin, aber Gottes Pläne und seine Wege sind höher als unsere.

10) In Amerika habe ich einen Gott erlebt, der zu allem fähig ist und dessen Wort (die Bibel) einen großen Wert und Wichtigkeit besitzt. Dort erhielt ich auch die Verheißung aus Jesaja 60, die nun Wahrheit geworden ist. Es werden tatsächlich Reichtümer zu mir gebracht, die ich hier einsetzen darf, und meine Kinder sind wie der Sonnenschein in meinem Leben.

11) Ich habe in »meiner vorgerückten Jugend« erkannt, dass Gott keinen Respekt vor Geburtsscheinen hat. Je älter ich

werde, umso mehr mutet er mir zu. Das Werk explodiert förmlich und die Verantwortung wächst täglich. Meine frohe Herzenserkenntnis in den vergangenen Jahren ist, dass Gott nicht die Begabten beruft, sondern die Berufenen begabt, und alles, was er von uns erwartet, ist permanente Verfügbarkeit und ungeteilter Gehorsam. Der Rest ist Gottes Problem. Er trägt die gesamte Verantwortung und er ist in den Schwachen mächtig! Welche Gnade!

Deshalb danke ich Gott täglich, dass er in meinem Leben keine »Rolle« spielt – er ist der Regisseur!
Halleluja, Amen!

Mit meinen Töchtern, 2018

Tägliche Proklamation

Vater im Himmel, ich danke dir für mein Leben.

Ich danke dir für diesen Tag, den du gemacht hast. Ich will mich freuen und fröhlich sein.

Ich danke dir, dass du mich nie, nie, nie verlassen noch im Stich lassen wirst.

Ich danke dir, dass du für mich bist, wer kann gegen mich sein.

Ich danke dir, dass mir vollkommen vergeben wurde und ich durch Jesus Christus gerecht gesprochen bin.

Ich danke dir, dass ich mit Christus der Macht der Sünde gegenüber gestorben bin.

Ich danke dir, dass ich frei bin von Verdammnis.

Und ich danke dir, Vater, dass ich den Geist Gottes empfange, damit ich weiß, was mir von Gott geschenkt wurde. Ich wurde mit einem hohen Preis erkauft, gehöre nicht mehr mir selbst, sondern ich gehöre Gott, und mein Leib ist der Tempel des Heiligen Geistes.

Mein alter Mensch ist mit Christus gekreuzigt und mein neuer Mensch lebt durch das Leben des Sohnes Gottes. Mein jetziges Leben ist das Leben Jesu Christi.

Ich bin auserwählt vor Grundlegung der Welt, dass ich heilig und untadelig vor ihm und seiner Liebe sein soll.

Ich habe in ihm die Erlösung durch sein Blut und die Vergebung der Sünden nach dem Reichtum seiner Gnade.

Ich bin Salz und Licht in dieser Welt und Rebe am wahren Weinstock.

Ich bin ein Zweig des Lebens Christi.

Ich bin auserwählt und bestimmt, dass ich hingehe und viel Frucht bringe.

Ich bin Gottes Werk, geschaffen in Christus Jesus zu guten Werken, die Gott zuvor bereitet hat, dass ich darin wandeln soll. Herr, öffne mir die Augen und Ohren des Herzens, damit ich deine guten Werke erkenne und auch den Gehorsam, um darin zu wandeln.

Ich bin kein Gast und Fremdling auf dieser Welt, sondern ein Mitbürger der Heiligen und Gottes Hausgenosse. Und die Herrlichkeit Gottes wird in mir und durch mich offenbar.

Ich danke dir, Vater, dass ich Zugang zu dir habe mit großer Zuversicht und Freimut und Vertrauen, denn du hast mich von der Macht der Finsternis errettet und mich in das Reich deines lieben Sohnes versetzt, in dem ich die Erlösung habe, nämlich die Vergebung der Sünden. Und Christus selbst ist in mir und das ist meine Hoffnung auf Herrlichkeit.

Bildnachweis

Alle Bilder privat, mit Ausnahme von:

Sabine Janiczek:
Bildteil: S. 11: Menschen in Karamoja, S. 15: Strahlende Kinderaugen
Textteil: S. 220: Im Kindergarten, S. 221: Unser Senager Village

Andrea Musso, http://endryuks.com:
Bildteil: S. 6: Eines unserer Kinderhäuser; Kinder aus der Umgebung in Kiyunga, S. 13: Familie Prean, 2017; Mit meiner ersten Enkeltochter Abigail, 2017, S. 14: Meine drei Töchter – Angel, Angel und Damaris
Textteil: S. 152: Damaris und Patrick erwarten ihr erstes Kind, S. 160: Die Prothesen, die in unserer Werkstatt entstehen, machen viele Menschen glücklich und schenken neue Lebensqualität!, S. 181: Blick vom Gebetsberg auf den Victoriasee, S. 183: Das House Jacob, S. 207: Warzenschwein, Büffel, S. 208: Giraffe

Karl Banhardt:
Textteil: S. 163: Operationsvorbereitung, S. 166: Karl und Monika Banhardt

Rahel Täubert:
Titelbild
Bildteil: S. 16: Bei der Predigtvorbereitung, 2018

Weitere Produkte von Maria Luise Prean-Bruni:

**Gott spielt in meinem Leben keine Rolle –
er ist der Regisseur – Hörbuch (MP3)**

DCD, Nr. 395.946, ISBN 978-3-7751-5946-3
Buch auch als E-Book **e**
In der Autobiographie ihres bewegten Lebens erzählt Maria Luise Prean-Bruni von den wegweisenden Ereignissen und Wundern auf ihrem Weg und den verschiedenen Berufen, in denen sie tätig war. Gelesen von Johanna Klöpper.

**Mit Gottes Flügeln kannst du fliegen
Ermutigungen**
Gebunden, 21 x 21 cm, 72 S.,
durchgehend vierfarbig
Nr. 629.446, ISBN 978-3-7893-9446-1

Viele schätzen Maria Preans ermutigende Art und ihre aufbauenden Predigten. In diesem erfrischenden Bildband finden sich kurze Texte von ihr, die Ihnen neuen Mut zusprechen, Sie in Ihrem Glauben stärken und Ihnen Kraft geben für anstehende Herausforderungen.

**Komm in deine Bestimmung
Gott hat dich als Original erschaffen,
stirb nicht als Kopie**
Gebunden, 14 x 21,5 cm, 208 S.
Nr. 226.572, ISBN 978-3-417-26572-9
Auch als E-Book **e**

»Gott hat dich als Original erschaffen, stirb nicht als Kopie!« Kraftvoll, pointiert und immer auch mit einer Prise Humor fordert Maria Luise Prean-Bruni Sie heraus, zu dem Menschen zu werden, den Gott sich gedacht hat. Kommen Sie in Ihre Bestimmung!

Gott hatte einen superguten Tag,
als er dich schuf
Ermutigungen für ein ganzes Jahr
Gebunden, 14 x 21,5 cm, 496 S., 2-farbig,
mit Lesebändchen
Nr. 226.786, ISBN 978-3-417-26786-0
Auch als E-Book  *und DCD, Hörbuch (MP3)*
Nr. 395.839, ISBN 978-3-7751-5839-8
Maria Prean lädt dazu ein, jeden Tag neu die Identität in Christus zu ergreifen und mutig für Gott zu leben. 365 Andachten für jeden Tag des Jahres! Ermutigung und Inspiration pur!

Das Leben wird immer schöner
DVD, 55 Minuten, FSK Infoprogramm
Nr. 210.149
Ein Mut machender und sehr persönlicher Dokumentarfilm über eine faszinierende Frau, die scheinbar unüberwindbare Grenzen nicht akzeptiert und im Vertrauen auf Gott fest entschlossen ihren Weg geht. Regie führte Janina Hüttenrauch.

Maria Luise Prean-Bruni mit Constanze Nolting
Lola Gola
Loslassen – Gott lassen
Gebunden, 13,5 x 20,5 cm, 220 S.
Nr. 226.257, ISBN 978-3-417-26257-5
Auch als E-Book
Lesen Sie erfrischende, herausfordernde, aber ungewöhnliche Impulse für Ihr Leben mit Gott. Lassen Sie sich von Maria L. Prean ermutigen, eigene Vorstellungen loszulassen, um sich vollkommen auf Gott einzulassen. Loslassen und Gott lassen – kurz: Lola Gola.